Der

Esposos y Padres

Redescubre el Propósito del Creador para los Hombres

Prefacio por el Dr. Edwin Louis Cole

INTERNATIONALER BIBELLEHRDIENST
DPM-ESPAÑA
DPM

Esposos y Padres

Título Original en inglés / originally published under the title:
Husbands and Fathers

Traducción al español: Jorge A. de Araujo

Publicado por:
Ministerio Derek Prince España
Apartado Correos 499
29640 Fuengirola-Málaga, España

Impreso en:
Erdl Verlag
Trostberg, Germany

ISBN 3-932341-24-4

Salvo indicación, todos los pasajes bíblicos han sido tomados de la Versión Reina-Valera, Revisión 1960.

Los pasajes señalados "VDHH" han sido extraídos de la Versión Dios Habla Hoy.

Índice

Prefacio

Las personas escuchan lo que dices, pero aprenden de lo que eres. Eso es verdad cuando lees y escuchas a Derek Prince. Él imparte su vida en este libro, y todos ganamos con ello.

Derek ha escrito un libro que debe ser leído no sólo por el padre, sino por el padre para toda su familia. Dios le bendiga por hacer que la verdad de Dios esté disponible para todos nosotros.

Dr. Edwin Louis Cole
Fundador y Presidente
Red de Hombres Cristianos

Parte 1
Personal

1
Cómo me Hice Padre

Al mirar atrás hacia mi infancia y juventud, me resulta sorprendente encontrarme escribiendo este libro. Muy poco de ese período parecería cualificarme para una tarea como esta.

Nací en una familia de militares británicos, sin hermanos ni hermanas. Todos los parientes varones que he conocido han sido oficiales del Ejército Británico. A la edad de nueve años, adecuadamente ataviado de un traje de tweed y bombín, fui enviado a la *prep school*[1] . Desde allí fui a Eton, y desde Eton a King's College, Cambridge. Desde los quince años asistí a varios colegios privados, nunca pasando más de tres meses de ningún año en casa. Tras cinco años en Cambridge, escribí una tesis: "La Evolución del Método de Definición de Platón", y fui elegido para una *Fellowship* (Fraternidad) en King's College.

Durante todos los años de mi educación, nunca había tenido una maestra. En Cambridge, tuve unas cuantas novias, pero el funcionamiento íntimo de la personalidad femenina siguió siendo un misterio para mí, ¡un misterio que no estaba particularmente interesado en intentar resolver!

Lo que prometía ser una carrera sin eventos importantes en una atmósfera rarefacta de una importante universidad, fue brutalmente interrumpida por la Segunda Guerra Mundial. Cuando fui reclutado para servir en las fuerzas armadas, escogí un papel no combatiente en el Cuerpo Médico del Real Ejército Británico. En el ejército decidí continuar mi carrera académica estudiando la Biblia, a la que abordaba puramente como un trabajo de filosofía. La encontraba difícil de entender en muchos sitios, pero determiné que la leería entera, desde Génesis hasta Apocalipsis. Entonces estaría en posición de pronunciar un juicio de peso sobre ella.

Después de nueve meses, en algún lugar del libro de Job, tuve un encuentro inesperado con el autor de la Biblia, quien se me reveló a través de la Persona de Jesucristo. Ese encuentro cambió el curso de mi vida de manera radical y permanente. Al fin y al cabo, me recordé que el mismo Platón había reconocido: "No tenemos ninguna palabra de Dios", mientras que la Biblia afirmaba llanamente que era exactamente eso, "la Palabra de Dios". Cuanto más la estudiaba y empleaba en mi vida diaria, tanto más me convencía que esa afirmación era verdadera; realmente era la revelación de Dios al hombre de Sí Mismo.

Poco tiempo más tarde, el ejército me envió al Oriente Medio. Después de tres años en los desiertos de Egipto, Libia y Sudán, fui destinado a Jerusalén, donde conocí y me casé con Lydia Christensen, una profesora de escuela danesa. Lydia había estado disfrutando de una exitosa carrera como profesora en el sistema escolar estatal de Dinamarca cuando Dios la guió a dejarlo todo y marcharse a Jerusalén, donde abrió una residencia de fe para niños sin padres.

Cuando Lydia y yo nos casamos, ella trajo consigo ocho niñas sin padres para las que había venido a ser una madre adoptiva y por quienes, desde aquel tiempo en adelante, yo acepté la responsabilidad de la paternidad. De esas niñas, seis eran judías, una era árabe y una inglesa. Sus edades iban desde los dieciocho a los tres años.

De mi pasado y experiencia como niño sin hermanos ni hermanas, de repente me encontré siendo el único varón responsable por diez mujeres – Lydia, sus ocho niñas y una criada árabe, Jameela. En nuestra nueva relación, todos teníamos muchos ajustes que hacer. Hubo tiempos en los cuales sentía que la responsabilidad que había asumido era demasiado grande. Sin duda, Lydia también debe haberse preguntado en alguna ocasión si había tomado la decisión correcta casándose conmigo. No obstante, de alguna manera el amor y la gracia de Dios siempre nos llevaron hacia adelante.

Además de esos ajustes en nuestras relaciones, Lydia y yo nos enfrentamos a muchas presiones externas. En los primeros dos años de nuestro matrimonio, fuimos atrapados en la lucha que dio a luz al Estado de Israel. En dos ocasiones, durante aquel tiempo, con el fin de salvarnos la vida, tuvimos que huir de nuestra casa a mitad de la noche. Nunca más hemos podido volver a ninguna de esas casas.

En un cierto punto, las cuatro niñas mayores fueron separadas de nosotros, pero Dios mantuvo Su mano sobre nosotros y nos volvió a reunir otra vez en Inglaterra como una familia unida.

Más tarde, después de que todas menos dos de las niñas habían crecido, Lydia y yo pasamos cinco años en Kenya, donde serví como director de un colegio de entrenamiento para profesores africanos. Durante ese período, adoptamos a una novena niña, un bebé africano. Su madre había muerto al dar a luz y la criatura había sido encontrada abandonada en el suelo de barro de una choza africana.

Tres años después de que Lydia había sido llamada a estar con el Señor, me casé con mi segunda esposa, Ruth. Estuvimos casados durante veinte años, hasta que Ruth también fue llamada a casa. Ruth añadió otros tres hijos adoptados a nuestra unión, todos ellos judíos. Así que ¡ahora me encuentro en una relación en la que soy el padre de exactamente doce personas!

La personalidad cariñosa y extrovertida de Ruth pronto le granjeó el cariño de los otros miembros de mi familia. Ella también aportó especiales habilidades administrativas y editoriales, lo cual completó de manera maravillosa mi ministerio como maestro de la Biblia. En los veinte años en los que estuvimos casados, mi ministerio creció de manera que nunca hubiese soñado. A través de los canales combinados de libros impresos, cintas de audio y vídeo, programas de radio y televisión, mis enseñanzas bíblicas han llegado a todos los continentes, incluso la Antártida. Mi personal de oficina me dice que estamos enviando material a todas las naciones a las cuales el servicio de correos de los Estados Unidos hace entregas, y que porciones de mi material han sido traducidas a seis idiomas.

Nuestra familia continúa creciendo a un ritmo que es difícil de acompañar. Incluyendo los añadidos por bodas y nacimientos, ¡el número combinado de los miembros de la familia asciende a 150 personas! Ahora tenemos miembros de la familia viviendo en muchos países distintos: Israel, Gran Bretaña, Canadá, Estados Unidos y Australia. Con una familia tan grande y tan ampliamente esparcida, no nos es posible mantener un contacto tan íntimo los unos con los otros como nos gustaría. Sin embargo, todavía sí tenemos la sensación de que *somos una familia*.

No he sido un esposo o padre perfecto, de ninguna manera, pero mi vida familiar como un todo ha sido feliz y exitosa, por lo cual doy a Dios toda la gloria. A través de ella, he aprendido muchas lecciones, las cuales creo que Dios quiere que comparta en este libro.

No obstante, echo la mirada hacia atrás a un período en mi ministerio cuando estuve peligrosamente cerca de perder de vista el plan de Dios para mi matrimonio y mi familia. En esa época estaba viajando continuamente de reunión a reunión y de conferencia a conferencia, predicando a grandes multitudes y encontrando una gran respuesta de la gente. Una tarde en una conferencia, escuché a otro orador hacer esta observación: "El experto es el hombre que está lejos de casa y lleva una cartera".

Esas palabras me golpearon como una flecha: *Eso realmente me describe a mí*, me dije a mí mismo. *Soy un hombre que está lejos de casa y lleva una cartera. Todos me consideran un experto, pero en realidad, ¿qué está pasando en mi hogar?*

Dios me desafió de una manera totalmente nueva que tenía que vencer, en primer lugar y principalmente, como esposo y padre antes de que pudiese tener éxito como cualquier otra cosa.

Entonces, empecé a analizar mis propias motivaciones. ¿Por qué pasaba tanto tiempo viajando? ¿Por qué me estimulaba tanto el aparecer en todas aquellas reuniones? Gradualmente reconocí en mis motivos un fuerte elemento de ambición personal. Disfrutaba de ponerme en una plataforma delante de un numeroso público. Me gané la reputación de "predicador ungido".

Echando un vistazo hacia los años de mi ministerio público, reconozco que he estado más preocupado en algunas ocasiones con mi reputación como predicador que con algunas de las necesidades personales y emocionales de Lydia. A veces, he estado más preocupado con mi éxito como ministro que con el bienestar de mi familia.

Por la gracia de Dios no se produjo ninguna crisis importante en mi hogar. En realidad, de vez en cuando mi familia ha sido más leal a mí de lo que yo he merecido. Hoy en día, ¡agradezco a Dios continuamente por todos ellos! He llegado a ver poco a poco, sin embargo, que la ambición personal a expensas de la vida en el hogar es un serio problema en la vida de muchos hombres. Algunos serían considerados exitosos y se considerarían a sí mismos exitosos, pero un núcleo interno de egocentrismo les mantiene lejos del intercambio cariñoso y abierto con sus familias, que es la esencia de las relaciones victoriosas dentro de un hogar.

Puede que no haya ninguna crisis abierta o nada que hace pensar que el matrimonio se esté rompiendo, pero el hogar no provee en ninguna medida la seguridad y la realización que necesitan los miembros de la familia. En muchos casos, el padre tiene tantos compromisos fuera de su casa que ni siquiera se da cuenta que le está fallando a su familia.

He llegado a la conclusión que muchos hombres en nuestra cultura contemporánea necesitan hacer frente a este tema. Ellos pueden ser triunfadores en varios campos (como presidentes de bancos, médicos, abogados, técnicos informáticos o en los campos de golf). Pueden tener éxito incluso en el ministerio cristiano. Sin embargo, son unos fracasados en sus propias casas.

Quiero sugerirte que el triunfar en otras capacidades y fracasar como esposo o padre es, en los ojos de Dios, fracasar. Ningún otro éxito puede compensar ese fracaso.

He dicho muchas veces que el principal problema de la sociedad actual es los varones delincuentes, es decir, varones que han fracasado en sus dos responsabilidades primarias: como esposos y como padres.

Puedes leer varios libros sobre la familia, pero no puedes construir una familia realmente triunfadora hasta que entiendas estos dos papeles básicos: esposo y padre. Son el fundamento esencial sobre el cual se puede construir una familia verdaderamente feliz y armoniosa.

Mi propósito en este libro es mostrarle, en términos prácticos y simples, qué hace falta para ser un esposo de éxito y un padre de éxito. Desde ahí, puedes seguir y alcanzar el verdadero éxito en cualquiera de las diferentes áreas, pero sobre todo, serás una bendición para los que están más cerca de ti: tu esposa y tus hijos.

Parte 2
Esposos

2
El Matrimonio Es un Pacto

Para sentar las bases para lo que tengo que decir acerca de los esposos, empezaré hablando sobre el matrimonio, porque es sólo a través del matrimonio que un hombre llega a ser esposo.

Las tres relaciones más permanentes que están disponibles para los seres humanos son:

1. ***La relación del creyente con Dios***

2. ***La relación entre cónyuges***

3. ***La relación de los creyentes los unos con los otros***

Los hijos que son fruto de un pacto entre un hombre y su esposa están, a través del mismo, incluidos dentro del ámbito del pacto establecido por sus padres delante de Dios.

La base de cada una de esas relaciones es un pacto, que es la forma de compromiso más solemne y vinculante que la Biblia describe. Ninguna relación duradera puede ser construida con arreglo a los principios bíblicos sin un pacto.

Dos pasajes principales de la Biblia demuestran que el matrimonio es un pacto. Primero veremos que por la sabiduría serás

> *librado de la mujer extraña, de la ajena que halaga con sus palabras, la cual abandona al compañero de su juventud, y se olvida del* ***pacto*** *de su Dios.*
> *Proverbios 2:16-17, énfasis añadido*

Este pasaje está diciendo que la mujer que es infiel a su marido se olvida o rompe el pacto que hizo con aquel hombre delante de Dios. El matrimonio es un pacto, entonces, entre un hombre y una mujer, hecho delante de Dios.

Una vez más, en el libro de Malaquías, Dios se refiere a la cualidad de pacto del matrimonio. Los israelitas habían estado protestando: "Estamos todo el tiempo orando y estamos todo el tiempo en el templo. Así que, ¿por qué, Dios, no contestas nuestras oraciones? Dios contesta:

> *Mas diréis: ¿Por qué? Porque Jehová ha atestiguado entre ti y la mujer de tu juventud, contra la cual has sido desleal, siendo ella tu compañera, y la mujer de tu* ***pacto.***
> *Malaquías, 2:14, énfasis añadido*

Así que, en este pasaje Dios habla a los esposos que tratan a sus mujeres de manera "traicionera"; en el lenguaje contemporáneo, que engañan a sus esposas. Dios está diciendo: "No importa con qué frecuencia oras o cuánto tiempo pasas en la iglesia. Como no seas fiel a tu compromiso de pacto con tu esposa, no daré oídos a tus oraciones". Los hombres de ese tipo son, declara Dios, rompedores de pactos.

Por lo tanto, tanto para el hombre como para la mujer, la infidelidad hacia el compromiso del pacto supone romper un pacto. Es por esa razón que el adulterio es un pecado mucho más serio que la fornicación. La fornicación (inmoralidad entre dos personas no casadas) es un pecado, pero no rompe un pacto. Por el contrario, el adulterio es una inmoralidad que sí rompe un pacto, y es eso lo que hace del mismo un pecado mucho más serio.

El Misterio del Pacto

El pacto es uno de los secretos de Dios. Nadie puede comprender el pacto en los términos bíblicos, excepto a través de la revelación. Sólo Dios puede capacitarnos para entender, por medio de las Escrituras, qué es el pacto. Dice el salmista:

> *La comunión íntima de Jehová es con los que le temen,*
> ***y a ellos hará conocer su pacto.***
> *Salmos 25:14, énfasis añadido*

Así que el pacto es uno de los secretos de Dios que Él revela solamente a aquellos que le temen. Las personas que temen a Dios son las que pueden percibir el pacto y entrar en él.

En Efesios 5:22, Pablo dice que la relación de matrimonio entre un hombre y su esposa es un tipo, una figura, de la relación entre Cristo y Su Iglesia. Luego añade: "Grande es este misterio" (versículo 32) – o "Este misterio es grande". Necesitamos entender el significado especial de la palabra *misterio* tal y como Pablo la usa en este pasaje.

Las gentes de aquella época tenían lo que llamaban "religiones misterio", las cuales ofrecían secretos especiales a los que pasaban por un proceso de iniciación muy bien guardado. A menos que hubieses sido iniciado, no podrías aprender sus secretos. Por tanto, cuando Pablo describe el matrimonio como un "misterio", deja implícito que podemos comprender su verdadera naturaleza sólo si hemos pasado por el apropiado proceso de iniciación. Este proceso tiene lugar cuando, a través de la ceremonia de la boda, un hombre y una mujer entran en un pacto con Dios y el uno con el otro. Sólo cuando están dispuestos a asumir este compromiso de pacto es que pueden empezar a descubrir la verdadera naturaleza del matrimonio. Las parejas que no están dispuestas a cumplir esta condición pueden experimentar los aspectos legales y físicos del matrimonio, pero su verdadera naturaleza permanece cerrada para ellos. Es todavía un misterio, un secreto.

También necesitamos recordar que el matrimonio no es un mero contrato social en el nivel humano. Original y primariamente el matrimonio es un concepto bíblico. Para entrar en este misterio del matrimonio, primero tenemos que entender el significado de lo que la Biblia llama un "pacto". Será de ayuda, por tanto, estudiar brevemente los principios que se aplican a todos los pactos de la Biblia.

Los Principios del Pacto

Miraremos a la revelación de Dios del pacto en pasajes sucesivos de las Escrituras, de los Salmos, Hebreos y Génesis.

El siguiente pasaje de los Salmos revela el tipo de personas con las cuales Dios hace un pacto:

> *[El Señor] convocará a los cielos de arriba, y a la tierra, para juzgar a su pueblo. Juntadme mis santos, los que hicieron conmigo* ***pacto*** *con sacrificio.*
> *Salmos 50:4-5, énfasis añadido*

¿Quiénes son los santos de Dios? La Biblia dice que son aquellos que han hecho un pacto con Él sobre la base de un sacrificio. Todo pacto debe basarse en un sacrificio.

De hecho, en hebreo dirías que *cortas*, en vez de *hacer*, un pacto. Las imágenes de las palabras sugieren un cuchillo afilado y el derramamiento de sangre. Es sólo un recordatorio más que un pacto requiere un sacrificio, y que un sacrificio requiere sangre derramada, una vida que ha sido entregada.

En Hebreos 9:16-17, el escritor dice que un pacto, o un testamento, tiene efecto legal sólo cuando una persona muere. Pero la palabra griega traducida aquí como "testamento" es *diatheke*, que es la palabra griega común para "pacto". Traducida de esta manera, estos versículos traen a la luz un hecho de gran importancia respecto al concepto del pacto:

> *Para que un testamento entre en vigor, tiene que comprobarse la muerte de la persona que lo otorgó. Pues un testamento no tiene valor mientras vive el que lo otorga, sino sólo después de su muerte.*
> *Versión Dios Habla Hoy, énfasis añadido*

Cuando haces un pacto, entonces ¡estás en realidad firmando tu propia garantía de muerte! Es un acto solemne, el compromiso definitivo.

Vemos el funcionamiento de una relación de pacto en la vida de Abraham. El Señor y Abraham tenían una bella relación personal. Una noche, el Señor mostró a Abraham que Él le daría la tierra de Canaán como herencia. Abraham le preguntó: "¿En qué conoceré que la he de heredar?" (Génesis 15:8). Dios le contestó a Abraham cortando un pacto con él.

El compromiso final de Dios en cualquier asunto, en otras palabras, es un pacto. Cuando Dios haya hecho un pacto, no hay nada más que necesite hacer.

En el corte de ese pacto, Abraham fue instruido por Dios para hacer algo acostumbrado en aquel entonces en el Oriente Medio: matar ciertos animales para el sacrificio, luego cortar los animales en dos pedazos y después poner esos dos pedazos enfrente el uno del otro con un espacio en medio. Entonces, cada parte que entraba en pacto caminaba entres las mitades de los animales. Las escrituras no dicen cuándo Abraham pasó por entre los pedazos, pero sí describe cómo lo hizo Dios:

> *Y sucedió que puesto el sol, y ya oscurecido, se veía un horno humeando,* ***y una antorcha de fuego que pasaba por entre los animales divididos****.*
>
> *Génesis 15:17, énfasis añadido*

En aquella antorcha de fuego, Dios pasó por entre los pedazos de los sacrificios. En Hebreos 12:29 se nos recuerda que "nuestro Dios es fuego consumidor".

¿Qué significa pasar por entre los pedazos del sacrificio? Significa que una vez que hayas pasado por el sacrificio y mirado a esos cadáveres, dices: "Esa muerte fue mi muerte. De ahora en adelante, muero a mí mismo y vivo para aquel con quien tengo un pacto". Abraham renunció a su vida para vivir en un pacto con Dios. No obstante, tenga presente que Dios hizo lo mismo por Abraham.

Cada una de las partes de un pacto puede reclamar cualquier cosa que pertenezca a la otra. Así es que, más tarde, sobre la base de este pacto, el Señor dijo a Abraham, en efecto, "Quiero tu hijo, Isaac, tu único hijo, el que amas. Ofrécelo como sacrificio en un lugar que te mostraré" (Véase Génesis 22:2).

Abraham cumplía sus pactos, así que ni discutió ni tardó, sino que contestó: "Está bien, Dios. Heme aquí. Iré a ese lugar y ofreceré el sacrificio". Así que, a la mañana siguiente, muy temprano, partió hacia el lugar acordado.

Justo en el último momento, cuando Abraham tenía su mano levantada para asestar el golpe con el cuchillo en el cuerpo de su hijo, el Señor le dijo: "Está bien Abraham, no lo tienes que hacer. Ahora sé que me temes, ya que no has rehusado tu hijo". ¡Eso nos hace presente que un pacto!

Pero este no es el fin de la historia. Cerca de dos mil años más tarde, el Señor dijo: "Abraham y sus descendientes necesitan un sacrificio, y sólo hay una Persona que puede hacer ese sacrificio: Mi Hijo. Abraham me ofreció a su hijo, ahora ofreceré a Mi Hijo por él." Esa era la otra mitad del pacto que había sido iniciado en el Monte Moriah. En cumplimiento del compromiso de pacto al que Dios había entrado allí, Él ofreció a Su Hijo, Jesús, en el Calvario, como el sacrificio final, único y suficiente por el pecado.

Visto bajo esa luz, la historia es el resultado de los pactos de Dios con Su pueblo. No podemos exagerar el énfasis sobre el significado y la solemnidad del pacto.

Ahora, aplique esto al pacto del matrimonio. Cuando se casa una pareja de cristianos, ellos pasan juntos por el sacrificio de Jesús en la cruz, y cada uno de ellos dice, como dijo Pablo: "Con Cristo estoy juntamente sacrificado, y ya no vivo yo, mas vive Cristo en mí" (Gálatas 2:20).

Tras haber hecho el pacto el uno con el otro, cada cual se da la vuelta para mirar hacia la cruz. El esposo dice: "Cuando pasé por el sacrificio, morí. Entregué mi vida, y ahora vivo mi vida a través de mi pareja. Ella es la expresión de mi vida". La esposa dice lo mismo: "Cuando pasé por el sacrificio, morí. Ahora vivo para aquel con quien tengo un pacto". Cada cual entrega su vida por el otro. Esa es la base del matrimonio cristiano, y la única base sobre la cual un matrimonio puede realmente tener éxito.

Sin embargo, esta actitud es contraria a la de las personas hoy en día, y es por eso que tantos matrimonios se rompen. Demasiadas personas entran en el matrimonio actualmente pensando, *¿Qué voy a sacar de ello?* Eso no funciona. La actitud bíblica es, *¿Qué daré yo?* ¡Y eso sí funciona!

El Principio del Pacto del Matrimonio

Adán no ideó el matrimonio. Ni siquiera sabía él que necesitaba una esposa. El matrimonio se originó en la mente de Dios. Todas las reglas para el mismo, así como su propósito final, fueron establecidas por Dios.

El propósito de Dios para el matrimonio es la unidad entre las partes, pero Dios deja claro que sólo hay una basc para la verdadera unidad entre los seres humanos, bien sean hombres o mujeres: es el pacto. La Biblia describe al matrimonio de esta manera:

> *Por tanto, **dejará** el hombre a su padre y a su madre, y se **unirá** a su mujer, y serán una sola carne.*
> *Génesis 2:24, énfasis añadido*

La clave para el matrimonio son dos palabras: *dejar* y *unir*. Si no dejas [la casa de tus padres – N.T.], no te puedes unir. Si no estás dispuesto a salir del entorno de tus padres y empezar de nuevo, nunca alcanzarás la verdadera unidad con tu esposa.

En algunas culturas los matrimonios con frecuencia no funcionan, porque la cultura enseña que el hombre deberá unirse a su padre y madre, en vez de a su mujer. Esa lealtad se interpone entre él y la lealtad a su esposa.

Es esencial entender que el matrimonio, tal y como figura en la Biblia, no es una cuestión de costumbres sociales o de cultura. Muchas costumbres sociales distintas determinan cómo se entra en un matrimonio o cómo el mismo se celebra. En la tierra de Israel, por ejemplo, los judíos siguen una serie de costumbres sociales al celebrar un matrimonio, los árabes otra y los armenios aún otra. Esto es legítimo, pero la naturaleza esencial del matrimonio fue determinada por Dios Mismo al principio de la historia humana: Un hombre debe dejar a su padre y a su madre y unirse a su esposa.

Esa es la única base sobre la cual un hombre y una mujer pueden alcanzar la verdadera unidad.

Otro malentendido sobre el matrimonio es corriente en nuestros días. Muchas personas hablan y actúan como si el matrimonio fuese un experimento, lo cual es una equivocación. El matrimonio es un *compromiso*, no un experimento. Es una contradicción, por decirlo de alguna manera, hablar sobre un "compromiso experimental". Solamente a través del compromiso mutuo es que Dios liberará la gracia que un hombre o una mujer necesita para vivir en unidad con su pareja.

La Naturaleza Profética del Matrimonio

Un hecho emocionante acerca del Dios de la Biblia es que Él se deleita en revelarse a Sí Mismo a los seres humanos. La revelación de Sí Mismo es uno de los tesoros más preciosos que Dios nos ofrece. El principal canal por el cual viene esta revelación es la Biblia. Con todo, es un privilegio aun más grande cuando Dios decide revelarse a Sí Mismo no solamente *a* nosotros, sino también *a través de* nosotros.

Dios con frecuencia obró de esta manera a través de los profetas del Antiguo Testamento. Para advertirle al pueblo de Judá sobre su cautividad inminente, Dios le dijo a Jeremías que pusiera yugos sobre su propio cuello (véase Jeremías 27:2). Para ilustrar la captura inminente de Jerusalén por parte del ejército babilonio, Dios le dijo a Ezequiel que hiciese un agujero en una pared y actuara como alguien que se escapaba de una ciudad sitiada (véase Ezequiel 12:4-5). Para demostrar el amor perdonador de Dios por Israel, Dios le dijo a Oseas que se casara con una prostituta (véase Oseas 1:2). Podrían citarse muchos ejemplos similares.

Entonces vemos que una de las maneras por las que podemos ser proféticos es, no meramente hablando un mensaje, sino también demostrándolo en nuestras acciones. Visto a través de este prisma, el matrimonio cristiano asume el carácter de un bello mensaje profético.

En primer lugar, la relación personal entre un hombre y su esposa demuestra el vínculo de unidad que sólo una relación de pacto puede producir.

Pero hay un segundo y aun más bello mensaje que un matrimonio verdaderamente cristiano transmite. En Efesios 5:25, Pablo dice: "Maridos, amad a vuestras mujeres, así como Cristo amó a la Iglesia, y se entregó a sí mismo por ella". Un marido cristiano tiene el privilegio de demostrar hacia su mujer la misma clase de amor que tiene Cristo por Su Iglesia, un amor que se sacrifica y se da a sí mismo.

Por otro lado, en Efesios 5:24, Pablo dice: "Así que, como la iglesia está sujeta a Cristo, así también las casadas lo estén a sus maridos en todo". Una esposa cristiana tiene un privilegio paralelo, el de demostrar, en su relación con su marido, el mismo tipo de amor reverente que la Iglesia tiene por Cristo como su Señor.

La sociedad contemporánea no tiene tiempo para actitudes como estas, que proceden de una vida entregada. Pero eso hace que sea aun más importante para los cristianos, en sus relaciones matrimoniales, representar de manera fiel la relación de amor entre Jesús y Su Iglesia. A veces el testimonio de nuestras vidas puede ser más efectivo que las palabras de nuestras bocas. Como los profetas del Antiguo Testamento, podemos ser proféticos, no meramente por nuestras palabras, sino también por nuestras acciones.

3

El Papel del Esposo

Al principio de la historia humana, Dios asignó a Adán, el primer esposo, una responsabilidad específica: "Tomó, pues, Jehová Dios al hombre, y lo puso en el huerto del Edén, para que lo labrara y lo guardase" (Génesis 2:15). El idioma español no transmite el significado completo de la palabra traducida como "guardar". Viene de una palabra cuyo significado básico es "cuidar" o "proteger". La palabra hebrea moderna para "vigilante nocturno" se deriva de esta raíz. Dios le dio a Adán la responsabilidad de "guardar" el Jardín. ¿Guardarlo de qué? De la entrada de cualquier "bestia del campo" (Génesis 2:20) cuyo lugar no era el Jardín.

El siguiente capítulo mismo revela que Adán fracasó en su responsabilidad. La serpiente, que era una "bestia del campo", logró entrar en el Jardín.

Luego, Adán falló en su próxima obligación: proteger a su mujer del ataque astuto de Satanás. Las Escrituras no revelan dónde estaba Adán en ese momento, pero está claro que dejó a Eva sola.

En ese punto, Eva añadió su pecado al de su marido. Ella entró en una conversación con la serpiente, sucumbió a su engaño y comió del fruto prohibido. Ella también se lo dio a su esposo, y éste también comió de él.

Esto revela que los dos primeros pecados de la historia humana fueron pecados de *omisión*. Adán falló, no en lo que hizo, sino en lo que no hizo.

Los pecados de *omisión* luego llevan a los pecados de *comisión*. El tercer pecado fue cometido por Eva, quien fue engañada por la serpiente y comió del fruto prohibido. Ella también involucró a su marido, dándole algo del fruto para comer. El pecado primario del hombre fue el pecado de *omisión*; él fue delincuente. Luego, el pecado de *omisión* de Adán abrió el camino para el pecado de *comisión* de Eva.

Las personas tienden a pensar que los pecados de omisión son menos serios que los pecados de comisión, pero no es así como las Escrituras los representan. En Mateo 25:31-46, Jesús da una parábola profética que concierne al juicio de las naciones "ovejas" y "cabritos" en el final de los tiempos. A las naciones "cabrito", Él pronuncia uno de los juicios más aterradores que jamás serán emitidos: "Apartaos de mí, malditos, al fuego eterno preparado para el diablo y sus ángeles" (versículo 41).

¿Qué hicieron esas naciones para incurrir en un juicio tan horrendo? La respuesta puede ser dada en una palabra: *nada*. No dieron nada de comer, nada de beber, nada de vestir; no mostraron ninguna compasión. Sin embargo, a causa de esos pecados de omisión, ellas fueron condenadas al castigo eterno.

El doble fracaso de Adán y Eva estableció un patrón que se ha repetido en todas las generaciones subsiguientes. El pecado primario y característico de los hombres es un pecado de omisión, no de comisión. Ellos fallan en su responsabilidad, primero hacia sus esposas, luego para con toda su familia. El pecado característico de las mujeres es el ir más allá de los límites de su autoridad y usurpar las funciones de los hombres.

El agresivo movimiento feminista es meramente el más reciente de una larga serie de consecuencias infelices del continuado fracaso de ambos, tanto del hombre como de la mujer. Sin embargo, es importante ver que el fracaso inicial de los hombres abre el camino para que las mujeres se salgan de sus lugares y usurpen las funciones de los hombres. El problema principal de la civilización occidental, desde mi punto de vista, son los hombres delincuentes, así como el problema principal de los hijos delincuentes son los padres delincuentes.

El fracaso de ambos, Adán y Eva, impidió la perfección de la relación que Dios había planeado que tuviesen entre sí. No obstante, su fracaso no dejó a un lado el principio sobre el cual Dios pretendía que su relación se construyese. A su relación la llamo *iniciativa* y *respuesta*. Según este patrón, Adán, como esposo, tenía la responsabilidad de tomar la iniciativa y Eva, su esposa, tenía la responsabilidad de responder.

Déjame ilustrarlo con un ejemplo realista: el acto de la relación sexual. Un hombre puede ser lento e insensible, mientras que la mujer puede llegar a usar todas sus artes femeninas, pero en el resultado final, si el hombre no toma la iniciativa, la relación sexual no tendrá lugar (Esta es una razón por la cual algunas feministas adoptan un estilo de vida homosexual. Ellas se resisten a depender de la iniciativa de un hombre). Creo que el Creador quiso que este modelo se reprodujera en todas las áreas de la relación entre los sexos: el papel del hombre es tomar la iniciativa y el de la mujer es responder.

En nuestra cultura contemporánea, sin embargo, hay muchos otros aspectos de la relación entre los sexos en los cuales el principio de la iniciativa y respuesta ha sido dejado a un lado. Los hombres han fracasado en su responsabilidad básica, y las mujeres han asumido el papel masculino. El resultado inevitable, bien sea en una familia, nación o civilización, puede resumirse en una palabra: *confusión*.

Las Responsabilidades del Esposo

¿Cuáles son algunas de las principales áreas en las cuales un marido debería tomar la iniciativa? El Nuevo Testamento sugiere seis responsabilidades principales.

1. Amar a Tu Esposa

Esta no es una sugerencia o una recomendación, sino una orden, claramente expresada en Efesios 5:25: "Maridos, amad a vuestras mujeres..." Expresándolo de manera sencilla: Si no amas a tu esposa, eres desobediente a las Escrituras.

El mismo versículo también te dice cómo amarla: "... así como Cristo amó a la iglesia, y se entregó a sí mismo por ella". Nota que no se trata de un amor que toma, sino de un amor que da; un amor que se da a sí mismo. Es el marido el que debe tomar la iniciativa de darse a sí mismo a su esposa y por ella.

Muchas personas en nuestra cultura contemporánea piensan en el amor como puramente emocional. Este es un cuadro incompleto. El amor genuino se libera por un acto de la voluntad. En el Salmos 18:1, dice David: "Te amo [[2]], oh Jehová". David tomó una decisión. Su amor por el Señor fue liberado por un acto de su voluntad.

Además, la palabra que David usa aquí para *amor* tiene que ver con la palabra hebrea que puede ser traducida como "entrañas" o "útero". Era lo que podemos llamar en el lenguaje contemporáneo "un sentimiento entrañable o visceral", e incluía tanto la voluntad de David como sus emociones. Es ese el tipo de amor que un esposo debe tener por su esposa.

En los tiempos bíblicos, en su mayoría los matrimonios eran concertados. La decisión de quién se casaba con quién era tomada por los padres. Esto es todavía así en muchas partes del mundo hoy en día. Sin embargo, el hecho de que un matrimonio fuese concertado no suponía que no habría un amor cariñoso y profundo entre el esposo y la esposa. En realidad, los países que practican el matrimonio concertado producen una tasa de matrimonios exitosos más alta que constituyen los así llamados Occidente "libre", donde la tasa de divorcios alcanza, en algunos casos, el cincuenta por ciento.

Al decir esto, no estoy necesariamente abogando por los matrimonios concertados. Mi punto es que el éxito en el matrimonio no depende, en última instancia, de cómo se entró en el mismo, sino de cómo un marido y una esposa se conducen después de estar casados. Si ambos son fieles a sus respectivas responsabilidades así como las Escrituras se les ha asignado, el matrimonio tendrá éxito y habrá amor genuino entre ellos.

2. Recibir Aportación

El esposo debe siempre hacer un hueco para que su mujer exprese su opinión con libertad, y ser sensible a lo que ella piensa o siente, incluso cuando no lo expresa en palabras. Sus sentimientos no hablados son con frecuencia los más profundos, y de los cuales su esposo más necesita estar consciente. La falta de comunicación entre el esposo y la esposa es probablemente el factor singular más común en la ruptura de un matrimonio.

Un esposo también necesita recordar que su esposa tiene su clase especial de sabiduría, con frecuencia llamada "intuición". Él debe elaborar una conclusión por un proceso laborioso de razonamiento, pero cuando se lo comunica a su esposa, él puede sorprenderse cuando ella contesta: "Siempre lo he sabido".

3. Tomar Decisiones

Una vez que haya existido una comunicación libre y respetuosa entre el esposo y la esposa, ellos llegan al lugar donde hace falta tomar una decisión práctica. En este punto, es la responsabilidad del marido tomar la decisión final. En muchos casos, si ha existido una buena comunicación, la esposa estará contenta en dejar que su marido asuma la responsabilidad.

4. Iniciar la Acción

Generalmente, esto sigue una secuencia lógica del proceso de toma de decisión que acabamos de delinear, pero normalmente la persona responsable de dar los pasos prácticos para llevar a cabo lo decidido es el marido.

Es posible que el esposo tenga que delegar muchas tareas prácticas diarias a su esposa, pero él debe tener el cuidado de cargar con una porción razonable de sus responsabilidades compartidas como pareja, especialmente si también son padres. La división de la labor podría basarse, en parte, en los dones espirituales. Además de eso, la esposa debe ser capaz de contar con que su marido esté allí detrás de ella si ella se encuentra enfrentándose a una crisis que no sabe cómo manejar.

5. Sustentar y Cuidar

Una palabra debería describir la actitud de todo marido hacia su mujer: *especial*. Todo esposo debería decirse a sí mismo: *Mi esposa es especial, no hay nadie más como ella*. Por ese motivo, él debe relacionarse con ella de una manera no que se relaciona con ninguna otra mujer. Esto no se aplica meramente a la relación sexual, sino que debería aplicarse a la manera en que piensa sobre ella, a la manera en que habla sobre ella, a cómo la trata.

En Efesios 5:28-29, Pablo dice que un hombre debe amar y preocuparse por su esposa de una forma particularmente personal:

> *Así también los maridos deben amar a sus mujeres como a sus mismos cuerpos. El que ama a su mujer, a sí mismo se ama. Porque nadie aborreció jamás a su propia carne, sino que la sustenta y la cuida, como también Cristo a la Iglesia.*

Las dos palabras *sustentar* y *cuidar* sugieren una actitud de preocupación íntima que incluye la atención a lo que pueden parecer pequeños detalles. Un marido debe preocuparse por la salud de su mujer, su apariencia, la forma en que se peina, el perfume que usa. Todo lo que le concierne a ella, le concierne a él. Ella debe tener siempre la confianza de que, para su marido, ella es la persona más importante del mundo.

Dejadme que os asegure, maridos: Si siembras en tu esposa de esta manera, ¡recogerás una cosecha abundante!

6. Alabar

La última parte del último capítulo de Proverbios describe y ensalza el carácter de la esposa "virtuosa", o "excelente". Destaca sus muchos logros, y luego se cierra con palabras de alabanza:

> *Se levantan sus hijos y la llaman bienaventurada; y su marido también la alaba: Muchas mujeres hicieron el bien; mas tú sobrepasas a todas.*
> *Proverbios 31:28-29*

Algunos esposos son tacaños con sus palabras de alabanza, ¡y eso es falsa economía! Se sorprenderían de lo mucho que una esposa desea ser alabada, y de cómo responde a ello. El alabar a tu pareja es la mejor inversión que puedes hacer jamás.

Si un hombre tiene una mujer fiel y comprometida, no podrán nunca ofrecerle en dinero lo que ella vale. Como dice Salomón en este pasaje: "su estima sobrepasa largamente a la de las piedras preciosas" (versículo 10). Lo mínimo que un marido puede hacer es ofrecerle a su esposa palabras de alabanza que salen del corazón.

Un Desafío Final

A un ministro experimentado se le preguntó una vez acerca de una cierta persona: "¿Es un buen cristiano?" Contestó el ministro:

"No lo sé, no se lo puedo decir aún, pues no conozco a su esposa". Esa fue una respuesta sabia. El éxito de un marido se ve en su esposa.

¿Por qué no aplicar esta prueba a ti mismo como esposo? A lo mejor tienes que concentrarte menos en ti mismo y más en tu esposa. Hazte a ti mismo (y a ella también) las siguientes preguntas, con el fin de evaluar cómo te van las cosas: ¿Está ella segura y realizada? ¿Me siento orgulloso de ella? Si las respuestas son sí, entonces tienes éxito como marido.

Pero si hay áreas obvias en la personalidad de tu esposa que están incompletas; si ella demuestra presión o inseguridad, debes examinar tu desempeño como esposo. Posiblemente te haría bien leer la lista precedente de las responsabilidades de un marido. Entonces, si ves que has sido delincuente, arrepiéntete delante del Señor y pídele a Él la gracia que te hace falta para mejorar.

4

El Papel de la Esposa

El primer tema de este libro es *los esposos*, pero mi descripción del papel de esposo cstaría incompleta sin por lo menos un breve relato del papel de la esposa. Un matrimonio marcha de manera apacible sólo cuando cada una de las partes funciona en su papel bíblico. Así que, echemos un vistazo a lo que la Biblia tiene que decir acerca de la esposa.

1. Ella es una Ayuda

> *Y dijo Jehová Dios: No es bueno que el hombre esté solo; le haré ayuda idónea para él.*
> *Génesis 2:18*

Esto podría ser traducido así: "Le haré una ayuda idónea para completarlo", que parecería implicar que el hombre sin su esposa está incompleto. El lenguaje en hebreo es difícil de traducir al español, pero pongamos el foco sobre el punto principal: Dios proveyó a la mujer para ser una *ayuda idónea.*

Hoy en día, muchas mujeres piensan: "*Si soy una ayuda, soy inferior*". Eso es un error, pues en el Cuerpo de Cristo nadie es superior o inferior a nadie, sino que se nos da a cada uno de nosotros un lugar y una función. Lo que Dios requiere de nosotros es fidelidad en el lugar y función que Él nos ha asignado.

En Juan 14:16-17, Jesús habla de la provisión que Él hará a Sus discípulos después que les haya dejado: "Yo rogaré al Padre, y os dará otro *Consolador*[3] ... el Espíritu de verdad" (énfasis añadido). Así que Jesús describe al Espíritu Santo como un *Ayudador*, pero ¿significa eso que el Espíritu Santo es inferior? Todo lo contrario, ¡Él es Dios!

De la misma forma, una esposa que cumple su papel dado por Dios como ayuda no es, de manera ninguna, inferior por esa razón. Doy gracias a Dios que ambas mis esposas han sido para mí unas ayudas maravillosas. Nunca hubiese podido lograr lo que he alcanzado hacer sin Lydia, mi primera esposa, o Ruth, mi segunda esposa.

2. Ella se Somete a Su Esposo

Este concepto ha sido tema de controversia en años recientes, pero el apóstol Pablo lo articula claramente en Efesios 5:22:

Las casadas estén sujetas a sus maridos, como al Señor.

Gran parte de la controversia se debe al hecho de que este verso ha sido sacado de su contexto bíblico (En realidad, en la Biblia que tengo delante de mí ahora mismo, en efecto los editores han insertado un subtítulo dividiendo los versículos 21 y 22). El versículo anterior se refiere a todos los cristianos: "Someteos los unos a los otros en el temor de Dios". Esta es la sumisión más importante dentro del Cuerpo de Cristo: *Todos los cristianos, los unos a los otros*. Esta debería ser la marca que distingue a todos los cristianos: una actitud mansa y sumisa hacia los demás creyentes.

Dentro de este contexto de sumisión mutua, a la esposa se le confiere un privilegio único y especial: Por su actitud hacia su esposo, ella representa la actitud de la Iglesia hacia Cristo. Vista en este contexto, la sumisión no es una obligación impuesta a la esposa, sino un privilegio que se le confiere.

Tanto Pedro, que era casado, como Pablo, que no lo era, empezaron sus enseñanzas sobre el orden en el hogar con la responsabilidad de la mujer de someterse a su marido. Hay una razón particular para eso: Si la esposa no cumple su responsabilidad, es casi imposible para su marido cumplir la suya. La mujer tiene la llave, tanto para abrir la puerta para que el marido cumpla su papel como cabeza de la familia, como para cerrarla en contra suya. Si la esposa no está dispuesta a someterse a su marido como cabeza, sólo hay una manera en la que él puede tomar esa posición: por el dominio por imposición propia. ¡A ninguna esposa sensata se le ocurriría querer eso!

¿Qué pasa si una esposa decide no someterse y su marido decide no asumir su lugar como cabeza? Una familia como esa queda sin protección, espiritualmente hablando. Es como un barco en un mar tormentoso sin el capitán en el puente, y está destinado a sufrir un naufragio.

Las familias sin protección en nuestra cultura contemporánea son la principal causa de la inestabilidad social y del desorden que estamos experimentando. Sólo hay una solución efectiva: restaurar el orden divino en nuestras familias.

Mi primera esposa era considerablemente mayor que yo cuando nos casamos. Una misionera ya experimentada, ella había tenido éxito en el difícil campo ministerial. Había tenido una buena educación y era una oradora con talento. Si hubiese querido dominarme, ¡no hubiera tenido ninguna dificultad para hacerlo! Pero dicho sea en su honor, permitió a este joven inexperto entrar a su vida y llegar a ser la cabeza del hogar.

¡Ella debe haber sufrido momentos de agonía a causa de algunas cosas que he hecho! Recuerda que yo no tenía ni hermanos ni hermanas, y de repente me encontré siendo la cabeza de una casa de ocho niñas. ¡Eso involucraba algún sufrimiento por parte de todos nosotros!

Si Lydia se hubiese aferrado a su posición como cabeza de la obra, yo pasado por la vida como "el esposo de Lydia", pero gracias a Dios, Lydia me dejó asumir mi lugar.

3. Ella Apoya o Sostiene

Dios creó el cuerpo humano de tal manera que la cabeza no puede sostenerse a sí misma. Si el hombre es la cabeza del hogar, es el cuerpo el que le tiene que sostener, y la responsabilidad principal recae sobre la esposa.

Nosotros, los hombres, somos débiles criaturas en muchos sentidos, ¡y necesitamos apoyo! Externamente, podemos asumir una actitud *machista* e imponer el tipo, pero por dentro somos como unos ratoncitos. Una esposa espiritual verá las debilidades de su marido, pero no pondrá el foco sobre ellas. En vez de eso, lo sostendrá, de manera sabia y cautelosa, a medida que él lucha para superarlas.

4. Ella Alienta

No hay nada más doloroso que una esposa que desalienta a su marido. Imagínate un predicador que acaba de pronunciar un sermón pobre y que ha enfrentado una respuesta decepcionante de parte de su congregación. Si su esposa le dice de camino a casa: "Fue un sermón terrible", él no puede caer más bajo; ¡se siente como un gusano! Pero si ella dice: "No ha sido uno de tus mejores sermones, pero lo he disfrutado", él empieza a pensar: *"Bueno, a lo mejor hay esperanza, quizás soy capaz de hacer bien, después de todo."*

Ya he subrayado que uno de los títulos del Espíritu Santo es "El Ayudador", pero esa palabra podría traducirse como "El Alentador". Cuando una mujer alienta a su esposo, ella está cumpliendo el papel del Espíritu Santo en aquella situación.

5. Ella Intercede por Su Marido

Las esposas algunas veces caen en la trampa de gastar tanto tiempo preocupándose por sus maridos, criticándoles y apuntando sus fallos, que dejan de orar por ellos. Una mujer arrodillada agradeciendo a Dios por su esposo será la que recogerá los beneficios.

Ruth y yo mantuvimos una relación durante un tiempo con dos parejas que tenían dificultades en sus matrimonios. En cada caso había serias debilidades y problemas en la vida del esposo. Esas dos esposas acordaron encontrarse todas las mañanas e interceder por sus parejas. Hicieron esto fielmente durante dos años y hoy en día cada uno de los maridos ha alcanzado el éxito, uno en el ministerio cristiano, y el otro en el mundo secular. Estos hombres nunca habrían llegado a ser lo que son sin la intercesión fiel y persistente de sus esposas.

Interceder produce mejores dividendos que criticar o protestar.

Mi Tributo a Ruth

Mientras trabajaba en este libro, Dios llamó a Ruth para estar con Él. Durante veinte años, ella y yo hemos disfrutado de un matrimonio feliz, exitoso y que fructífero. Hubo ciertas razones para ello.

Primero, ambos éramos cristianos comprometidos. Para cada uno de nosotros, nuestro principal propósito en la vida era servir y glorificar al Señor Jesucristo.

Segundo, ambos creíamos que era el plan de Dios el que nos juntáramos como marido y mujer.

Tercero, ambos estábamos convencidos de que el patrón del Nuevo Testamento del matrimonio está todavía vigente hoy en día.

Nunca procuramos relegar sus exigencias como meramente "culturales" o "de otra época".

Cuarto, Ruth estaba despojada de su yo. Ella era mujer capaz y tenía talento, y pudiera haber alcanzado el éxito por su propia cuenta. Con todo, ella creía que había sido comisionada por Dios de todas las maneras posibles para capacitarme para cumplir el ministerio que Dios me dio. Ella era celosa, no de su ministerio, sino del mío.

Debo añadir, sin embargo, que el compromiso de Ruth hacia mí y mi ministerio nunca la hizo ser servil o aduladora. Si pensaba que yo estaba haciendo algo mal o me encontraba en peligro de equivocarme, siempre venía a decírmelo con franqueza. Le preocupaba de manera particular que yo me vistiera de una forma que ella consideraba ser apropiada para el ministerio que Dios me había dado. Si ella pensaba que era descuidado en mi manera de vestir, siempre decía: "Te pareces a un hombre que no tiene esposa".

Durante veinte años de matrimonio, mi ministerio se expandió de una manera sorprendente. Cuando nos casamos, yo era un maestro itinerante de la Biblia que había publicado unos cuantos libros y tenía acceso a un círculo muy limitado dentro del Cuerpo de Cristo. Cuando Dios llamó a Ruth a casa, el Ministerio Derek Prince estaba teniendo un impacto mundial. Mi ministerio de enseñanza en la radio, el cual empecé el año en que Ruth y yo nos casamos, estaba siendo traducido a por lo menos una docena de idiomas, incluyendo el ruso, el español, el árabe y cuatro dialectos del chino. Yo había publicado como mínimo otros veinte libros, porciones de los cuales han sido traducidas a por lo menos sesenta idiomas. Ruth y yo llevábamos reuniones en todos los continentes, excepto la Antártida. Juntos hicimos cuatro viajes alrededor del mundo por el ministerio. Ahora hay oficinas del Ministerio Derek Prince en por lo menos treinta países fuera de los EE.UU.

Mi propósito al mencionar todo esto, aparte de rendir un breve tributo a la memoria de Ruth, es destacar un hecho incontestable: Nunca hubiese sido posible que esto ocurriera sin el apoyo desinteresado, constante e incondicional de Ruth.

Casi todos los días solía decirle dos cosas a Ruth: "Tu eres mi vida" y "¡Pienso que eres maravillosa!" Todavía siento lo mismo.

Cuando se distribuyan los galardones en la gloria, Ruth recibirá todo lo que le corresponde. ¡Estoy deseando estar allí para verlo!

A lo mejor a estas alturas te estarás preguntando: *Si Derek y Ruth pudieron disfrutar de un matrimonio tan feliz y lleno de frutos, ¿Por qué tan pocos matrimonios en la actualidad parecen alcanzar ese tipo de éxito?*

Pues, una razón corriente es que muchas parejas han dejado de incluir en su matrimonio un ingrediente esencial. Este será el tema de mi próximo capítulo.

5

El Ingrediente que Falta

(como con frecuencia lohacen las mujeres) que ella no veía

Un conocido ministro evangélico y su esposa estaban compartiendo conmigo con franqueza algunas de sus luchas, las cuales experimentaron al hacer que su matrimonio funcionara. A una cierta altura la esposa contaba que sus tensiones interiores habían explotado un día, causando una fuerte discusión en su habitación.

El esposo había estado poniendo el énfasis (como con frecuencia lo hacen los maridos) sobre la orden bíblica de que las esposas sean sumisas a sus maridos. La esposa había estado subrayando quetenía que someterse a él. "Después de todo", ella le dijo, "no tienes un buen curriculum. ¡Has tomado unas decisiones bastante e stúpidas!"

En ese momento ambos se dieron cuenta de que no estaban actuando como cristianos. Espontáneamente, se arrodillaron en lados opuestos de la cama para orar.

"Al hacerlo", me contaba la esposa, "fue como si un viento fresco soplase por nuestra habitación. De alguna manera imprimió en nuestros corazones la frase de Efesios 5:21: Someteos unos a otros *en el temor de Dios* (énfasis añadido). Ambos reconocimos que algo faltaba en nuestra relación el uno con el otro: *el temor de Dios*. Estuvimos actuando como si nuestra relación fuera solamente en el nivel humano, y habíamos dejado a Dios fuera de ella."

Cuando vieron eso, ambos se arrepintieron de sus fracasos y le pidieron a Dios perdón y el uno al otro. Ese fue el comienzo de una nueva relación entre ellos, una relación en la cual ambos aceptaron el lugar que Dios les había dado a cada uno.

La escena en su habitación, la cual la esposa había descrito de manera tan vívida, volvía a mí continuamente. Poco a poco llegué a verla como un diagnóstico que explica por qué tantos matrimonios entre cristianos nunca se ciñen al patrón claramente establecido en el Nuevo Testamento. Están dejando fuera un ingrediente esencial: *el temor del Señor*.

Pasa que tanto Lydia como Ruth eran excelentes cocineras, ¡por lo que alabo a Dios! Ambas eran coleccionistas de recetas. De esta manera, he llegado a ver que al preparar un pastel o una empanada, con frecuencia hay un ingrediente de cuyo sabor depende toda la receta. A pesar de que el resto de los ingredientes puedan estar presentes y correctamente combinados, sin el tal ingrediente clave el pastel o la empanada nunca tendrán el sabor que deberían tener.

Por ejemplo, hay dos versiones del pastel de Navidad: una americana y otra inglesa. En la versión inglesa, el mazapán (una pasta de almendras dulces) es un ingrediente distintivo esencial, mientras que un pastel de Navidad americano se hace normalmente sin mazapán. Para mí, con mi trasfondo inglés, un pastel sin el mazapán no es un pastel de Navidad. Es el mazapán lo que hace la diferencia.

¿Cómo se aplica eso a un matrimonio cristiano? Pues, el "mazapán" es el temor del Señor. Sin ese ingrediente diferenciador, el matrimonio está en el mismo nivel que uno entre no creyentes, y nunca puede llegar a ser lo que Dios pretende que sea, sino que le faltará ese sabor especial que debe distinguirlo de los matrimonios entre no creyentes.

Respeto, Reverencia y Admiración

Desgraciadamente, muchos cristianos contemporáneos tienen un concepto equivocado de lo que la Biblia quiere decir con *el temor del Señor*, y le restan importancia como si fuese algo fuera de moda que pertenece solamente al Antiguo Testamento y no tiene su lugar en la cristiandad del Nuevo Testamento. ¡Nada podría estar más lejos de la verdad! En realidad, el temor del Señor trae consigo una prioridad más alta en las exigencias de carácter del Nuevo Testamento que en las del Antiguo.

Por lo tanto, tenemos que preguntarnos a nosotros mismos: ¿Qué quiere decir la Biblia con la expresión *el temor del Señor*? Ella engloba tres palabras españolas relacionadas: *respeto*, *reverencia* y *admiración*. El temer a Dios no es una actitud servil y despreciable, sino la respuesta apropiada de la criatura hacia su Creador; hacia Su omnipresencia, Su majestad, Su gloria y Su santidad.

En Salmos 19:9, David declara: "El temor de Jehová es limpio, *que permanece para siempre*" (énfasis añadido). El temor del Señor nunca pasará de moda, sino que es absolutamente puro y purificador; algo que, en todas las edades, Dios busca en Su pueblo.

En Isaías 11:2, el profeta predijo la unción de siete facetas del Espíritu Santo que deberían marcar a Jesús como el Mesías prometido, el Ungido. Los siete diferentes aspectos de la unción son: *El Espíritu de Jehová* (el Espíritu que habla en primera persona como Dios), *el espíritu de sabiduría, el espíritu de inteligencia, el espíritu de consejo, el espíritu de poder, el espíritu de conocimiento* y finalmente (para coronar la lista) *el espíritu de temor de Jehová.*

Nosotros podemos haber pensado que no había lugar para el temor del Señor en Jesús, el Hijo amado de Dios. No obstante, Isaías 11:2 revela al temor del Señor como el sello final que marca a Jesús como siendo verdaderamente el Mesías y el Hijo de Dios. Si Jesús fue marcado de esta forma por el temor del Señor, ¿cómo podemos nosotros, como Sus discípulos, jamás pensar que ese tipo de temor no tiene su lugar en nosotros?

Reconociendo el Coste de Nuestra Redención

Los cristianos a veces adoptamos la actitud que, porque Dios, en Su amor, nos ha recibido y nos ha hecho Sus hijos, no hay lugar para el temor del Señor en nuestras vidas. En realidad, lo contrario es cierto. El hecho mismo de que Dios nos haya redimido al coste infinito de la sangre preciosa de Su Hijo debería inspirar en nosotros un sobrecogedor sentido de nuestra responsabilidad de llevar una vida que Le dé la gloria que a Él le corresponde.

En 1ª de Pedro 1:17-19, el apóstol declara que el precio pagado por nuestra redención debería inspirar en nosotros un temor santo de dejar de llevar una vida que Le dé la gloria que a Él le corresponde:

> *Y si invocáis por Padre a aquel que sin acepción de personas juzga según la obra de cada uno, conducíos en temor todo el tiempo de vuestra peregrinación; sabiendo que fuisteis rescatados de vuestra vana manera de vivir, la cual recibisteis de vuestros padres, no con cosas corruptibles, como oro y plata, sino con la sangre preciosa de Cristo, como de un cordero sin mancha y sin contaminación.*

Lejos de sugerir que nuestra redención no deja lugar en nuestras vidas para el temor del Señor, ¡Pedro subraya que es nuestra única respuesta apropiada!

Mientras busco representar en mi mente el impacto que el temor del Señor debería tener en mi vida, me veo de pié sobre la cumbre de un acantilado empinado y escarpado con la vista hacia un valle con rocas esparcidas, a centenares de metros abajo. Una valla de protección me impide aventurarme demasiado cerca de la orilla. Imagino esa valla como las advertencias de las Escrituras y sus demandas de un vivir santo. Luego me pregunto a mí mismo: *Supón que fuese presuntuoso, trepara por encima de la valla, y me pusiese de pie en la orilla del acantilado. Después de eso, ¡sólo un paso más me haría precipitarme hacia el desastre final e irrecuperable!*

Al albergar este pensamiento, los músculos de mi estómago se constriñen involuntariamente y un escalofrío corre por mi espalda. Recuerdo, también, las palabras de advertencia escritas a los cristianos hebreos: "¡Horrenda cosa es caer en manos del Dios vivo!" (Hebreos 10:31).

Esta actitud de temor reverente debe gobernar, no sólo nuestra actitud hacia el Señor Mismo, sino también hacia Su Palabra, las Escrituras. En Isaías 66:2, el Señor dice: "... pero miraré a aquel que es pobre y humilde de espíritu, y que tiembla a mi palabra"

¿Por qué deberíamos temblar ante las Escrituras? Porque es de esta manera que tanto Dios el Padre como Dios el Hijo vienen a nuestras vidas. En Juan 14:23, Jesús dice: "El que me ama, mi palabra guardará; y mi Padre le amará, y [el Padre y el Hijo] vendremos a él, y haremos morada con él". Nuestra actitud hacia las Escrituras revela cuánto verdaderamente amamos a Jesús, y abre el camino para que Dios entre en nuestras vidas en Su plenitud. Cuando leemos o escuchamos la Biblia, nuestra actitud debe ser la misma que sería si Dios el Padre y Dios el Hijo estuviesen de pie en persona delante de nosotros.

Una Llave para El Gozo y La Fertilidad

Esta actitud de temor reverente por Dios y Su Palabra, al contrario de lo que podemos esperar, es la llave para experimentar el tipo de gozo que sólo Dios puede dar. En Salmos 2:11, el salmista nos exhorta: "Servid a Jehová con temor, y alegraos con temblor."

Aquí está representado un hermoso equilibrio. Nos regocijamos en la misericordia de Dios y al mismo tiempo temblamos delante de Su grandiosidad.

Este equilibrio entre el temor y el aliento se reprodujo en la Iglesia del Nuevo Testamento. Hechos 9:31 dice de la Iglesia en toda Judea, Galilea y Samaria que "tenía paz y crecía espiritualmente. Vivía en **el temor del Señor**, y con **la ayuda del Espíritu Santo**" (VDHH). Para la mente natural, esto parece ser una extraña combinación: el temor del Señor y la ayuda[4] del Espíritu Santo.

¿Cómo pueden el temor y el confort ir juntos? No obstante, esta combinación fue la llave para la vida vibrante y el crecimiento explosivo de la Iglesia neotestamentaria.

A estas alturas probablemente te estarás preguntando: *¿Qué tiene que ver todo esto sobre el temor del Señor con la relación entres esposos y esposas?* Lo contestaría con una sola palabra: ¡Todo! Por mi propia experiencia en un hogar cristiano, y a través de la consejería a muchos cristianos con problemas en sus matrimonios, he llegado a una sencilla conclusión: *Sin el temor del Señor tanto en la mujer como en el marido, un matrimonio cristiano nunca podrá llegar a ser lo que Dios pretende que sea.*

Este es el ingrediente del cual depende el sabor de todo el pastel. Tanto el esposo como la esposa pueden decir todas las cosas correctas, tomar todas las resoluciones correctas e incluso atender a las mejores sesiones de consejería, pero sin el temor del Señor como una fuerza activa trabajando en sus vidas, su matrimonio nunca llegará a ser lo que Dios pretende que sea.

Hay solamente una base segura para este tipo de actitud, tanto del esposo como de la esposa. Al fin y al cabo todo depende de nuestra relación personal con el Señor Jesús. Gentilmente nos invita a una relación íntima con Él, pero nunca a expensas de nuestra consciencia de que Él es la revelación de Dios el Padre, personal, majestuosa e inspiradora de temor reverente. Él es nuestro Salvador, pero también es nuestro Juez, a quien todos tendremos que prestar cuentas algún día. En el Nuevo Testamento esto es ilustrado vívidamente en el relato de dos de Sus discípulos más cercanos: Juan y Pablo.

En la Última Cena, Juan estaba tan cerca de Jesús que podía recostarse sobre Su pecho y susurrarle al oído. Pero más tarde, cuando Juan fue confrontado de repente en una visión por el Cristo de Dios, glorioso y ascendido, dijo: "...caí como muerto a sus pies" (Apocalipsis 1:17).

Más adelante, Pablo también disfrutó de una permanente relación de comunión íntima con el Señor, pero nunca dejó de ser consciente de que un día él, como cualquier otro cristiano, tendría que rendir cuentas de su vida a Cristo, quien entonces estaría sentado en Su trono de justicia. En este contexto, Pablo escribió en 2 Corintios 5:10-11:

> *Porque es necesario que todos nosotros comparezcamos delante del tribunal de Cristo, para que cada uno reciba según lo que haya hecho mientras estaba en el cuerpo, sea bueno o sea malo. Conociendo, pues, el temor del Señor, persuadimos a los hombres.*

Fue la consciencia de Pablo de la asombrosa majestad de Cristo que hizo que su mensaje fuera persuasivo.

Cuando un hombre regula su relación con su esposa por el envolvente temor del Señor, y cuando su esposa responde en el mismo espíritu, su matrimonio cumplirá el plan que Dios reveló en las Escrituras. Cada uno de ellos tendrá en mente la tremenda responsabilidad depositada sobre ellos. El marido, por esta conducta hacia su mujer, hará que sea su objetivo representar la actitud de Cristo hacia Su novia, la Iglesia. La esposa, a su vez, procurará responder a su marido como la Iglesia responde a Cristo, el Novio. Ciertamente habrá fallos y fracasos a los dos lados, pero éstos serán cubiertos a medida que cada uno se arrepiente y busca el perdón del otro.

Como una brisa fresca al final de un día cálido y polvoriento, el temor del Señor atenuará y disipará las varias frustraciones y desarmonías que son inevitables en cualquier matrimonio. Tanto el esposo como la esposa encontrarán el cumplimiento de sus papeles dados por Dios y se fundirán en el tipo de armonía que Dios tenía en mente cuando dijo: "y serán una sola carne".

6

La Autoridad Espiritual de un Matrimonio Armonioso

Un hombre y una mujer viviendo juntos en verdadera armonía es una de las bendiciones más dulces que Dios tiene para ofrecer a este lado del cielo. No obstante, es mucho más que eso, es una puerta a un reino de autoridad espiritual que comparativamente pocos cristianos jamás alcanzan.

Ya hemos visto el propósito de Dios al crear a una esposa para Adán. Ahora retrocederemos aun más para echar un vistazo al propósito original de Dios al crear a la humanidad:

> *Y creó Dios al hombre a su imagen, a imagen de Dios lo creó; varón y hembra los creó. Y los bendijo Dios, y les dijo: Fructificad y multiplicaos; llenad la tierra, y sojuzgadla, y señoread en los peces del mar, en las aves de los cielos, y en todas las bestias que se mueven sobre la tierra.*
> *Génesis 1:27-28*

Dios no le dio el dominio sobre la tierra sólo a Adán, sino que estaba hablando a ambos, Adán y Eva. Era su intención que el hombre y la mujer juntos gobernaran la tierra en Su nombre.

Quiero sugerirte que uno de los más fuertes elementos en la guerra espiritual y en el ejercicio de autoridad es una pareja casada en armonía y unidad. Esa es todavía la manera de Dios de ejercer dominio. No el hombre por sí solo, o la mujer por sí sola, sino el hombre y la mujer en unidad según el modelo de Dios en el matrimonio. Ellos tienen el privilegio de ejercer dominio en el nombre de Dios.

Comprendemos la vital importancia de esto cuando nos damos cuenta de que, como cristianos, nos vemos involucrados en una lucha de vida o muerte con fuerzas invisibles del mal que intentan destruirnos. Pablo describe este conflicto en Efesios 6:12:

Porque no tenemos lucha contra sangre y carne, sino contra principados, contra potestades, contra los gobernadores de las tinieblas de este siglo, contra huestes espirituales de maldad en las regiones celestes.

Luego, en Efesios 6:18, Pablo revela que nuestra sesión de lucha es en la arena de la oración:

"orando en todo tiempo con toda oración y súplica en el Espíritu".

Es en esta arena que un matrimonio puede hacerse invencible: cuando cumplen una condición vital.

La Oración de Acuerdo

En Mateo 18:18-20, Jesús explica cómo, como cristianos, podemos hacernos irresistibles en nuestras vidas de oración:

De cierto os digo que todo lo que atéis en la tierra, será atado en el cielo; y todo lo que desatéis en la tierra, será desatado en el cielo. Otra vez os digo, que si dos de vosotros se pusieren de acuerdo en la tierra acerca de cualquiera cosa que pidieren, les será hecho por mi Padre que está en los cielos. Porque donde están dos o tres congregados en mi nombre, allí estoy yo en medio de ellos.

El número mínimo para el acuerdo en dicha oración es dos o tres. Con ese mínimo básico, todo lo que atemos o desatemos en la tierra será atado o desatado en el cielo. De hecho, el sentido del verbo griego es "estará habiendo sido atado" o "estará habiendo sido desatado". Así, podríamos decir que todo lo que atemos o desatemos en la tierra "estará habiendo sido atado o desatado en el cielo".

Esto es emocionante porque significa que ¡lo que decimos en la tierra determina lo que pasa en el cielo! Podemos pensar que estamos esperando a que Dios se mueva, lo que es con frecuencia verdad, pero hay tiempos en los cuales Dios está esperando a que nosotros nos movamos. De cierta forma la iniciativa está con nosotros en la tierra. Si cumplimos las condiciones, todo lo que declaramos en la tierra tiene el efecto semejante al de un decreto hecho en el cielo. Si decimos acerca de algo en la tierra: "Está atado", entonces en ese mismo momento es atado en el cielo. O si decimos en la tierra: "Está desatado", entonces en ese mismo momento es desatado en el cielo.

Supón, por ejemplo, que una pareja de cristianos cree que Dios les está llamando para servirle en un país que está cerrado al Evangelio y a todas las formas del ministerio cristiano. Todas sus solicitudes para un visado son rechazadas, sin ninguna indicación de que ellos pueden solicitarlo más adelante.

Entonces, el Espíritu Santo les dirige a la figura de Jesús como el que "tiene la llave de David, el que abre y ninguno cierra, y cierra y ninguno abre" (Apocalipsis 3:7). Ellos se comprometen a estar de acuerdo, juntos en la oración, para "atar" las fuerzas espirituales que se oponen al testimonio cristiano en el país de su llamado y "desatar" los visados de que necesitan.

En los meses siguientes, cada uno de ellos atraviesa el proceso de morirse a sí mismo. El esposo rechaza una atractiva promoción en el trabajo porque eso exige un compromiso que haría que le fuese imposible viajar para fuera de los Estados Unidos. La esposa está de acuerdo en mudar a una casa más pequeña y menos cómoda, para que puedan ahorrarse el dinero para los gastos del traslado al otro país al cual se sienten llamados. Tras muchos y largos meses, toda esperanza de responder al llamado de Dios parece perdida pero, como Abraham, quien "creyó en esperanza contra esperanza" (Romanos 4:18), siguen orando.

Entonces, bien de repente, ¡el esposo recibe una oferta de trabajo para asumir la dirección de un negocio en el mismo país al cual Dios les ha llamado! La puerta que estaba cerrada para él como ministro cristiano ahora le ha sido abierta de paren par como representante de un negocio que puede favorecer la economía del país de su llamado.

Esta historia, aunque sea un compuesto hecho de las experiencias de más de una pareja cristiana, ilustra la eficacia de la oración de acuerdo.

Pero primero, claro está, debemos cumplir las condiciones, las cuales tienen un doble sentido.

En primer lugar, nuestro foco debe estar sobre el mismo Jesús. En Mateo 18:20, el griego dice literalmente: "donde están dos o tres congregados *hacia dentro de* mi nombre...". Jesús mismo tiene que ser el foco. La base de nuestra unidad no puede ser meramente una doctrina o denominación, sino la Persona y obra del mismo Jesús.

Una vez más la palabra griega traducida como *ponerse de acuerdo* en Mateo 18:19 es *sumphoneo*, de la cual viene la palabra española *sinfonía*. Jesús no está hablando de un acuerdo doctrinal o intelectual. Lo que tiene en mente es algo más profundo y más alto: *la armonía espiritual*. Esto requiere dos o tres personas unidas en el espíritu para que puedan pensar, hablar y orar como si fuesen una persona.

Como hemos visto, son sorprendentes las promesas que Jesús les ofrece a dos o tres o más que puedan alcanzar este tipo de armonía: "todo lo que atéis en la tierra está habiendo sido atado en el cielo". Otra vez: "Si dos armonizan en la tierra acerca de cualquiera cosa que pidieren, les será hecho por mi Padre que está en los cielos". Estas son promesas verdaderamente sorprendentes y significan, como he dicho, que lo que decimos en la tierra, en realidad determina lo que pasa en el cielo.

Puedes preguntar: "¿Cómo puede ser eso?" Déjame decirte cómo lo entiendo yo. La única Persona que puede reunir a dos personas en perfecta armonía es el Espíritu Santo, y Él puede hacerlo sólo por aquellos que están completamente rendidos a Él. El hecho de que dos personas puedan alcanzar dicha armonía es evidencia, por tanto, de que están completamente rendidos al Espíritu Santo. Esto significa que están orando en armonía no sólo el uno con el otro, sino también con Dios. Sobre esta base, Dios se compromete a escuchar y a contestar a sus oraciones.

La verdadera armonía no es fácil de alcanzar. Conoces el doloroso sonido de dos cantantes que están casi, pero no exactamente, en armonía el uno con el otro. El sonido que producen hace daño a los oídos. ¿Y qué hay de las parejas de matrimonios que están casi, pero no del todo, en armonía cuando oran? ¿Cómo suenan en los oídos de Dios? Dios soporta pacientemente tales oraciones pero no se compromete a contestarlas.

La principal autoridad espiritual en la oración es la armonía entre aquellos que están orando. Puede haber más de dos personas o puede haber dos creyentes que no están casados. No obstante el desafío de orar juntos en armonía es uno que confronta de manera singular a los matrimonios cristianos.

En un tiempo cuando Ruth y yo estábamos bajo una gran presión, un querido hermano mayor (un siervo maduro de Dios) nos dijo: "Estoy convencido de que la llave para el éxito de vuestro ministerio es vuestra armonía. ¡No dejéis que nada la estropee!"

Nunca es fácil alcanzar esa armonía. Hay un precio que pagar. La armonía sólo puede venir a aquellos que están listos para poner sus vidas para el Señor y el uno por el otro.

La vieja naturaleza carnal nunca puede alcanzar la verdadera armonía, ni siquiera dentro de sí misma. Sólo hay un remedio: que la vieja naturaleza debe ser muerta. Pero gracias a Dios, ¡la muerte tuvo lugar hace casi dos mil años cuando Jesús murió en la cruz! "Nuestro viejo hombre fue crucificado juntamente con él", escribió Pablo en Romanos 6:6. "Así también", continuó en el versículo 11, ahora debemos "considerar[nos] muertos al pecado, pero vivos para Dios en Cristo Jesús, Señor nuestro".

La Decisión Es Tuya

La necesidad de la muerte de la naturaleza carnal nos confronta con una decisión personal: *¿Estoy dispuesto a morir a mí mismo? ¿Estoy listo para venir al lugar donde puedo verdaderamente aplicar a mí mismo las palabras de Pablo en Gálatas 2:20?*

> *Con Cristo estoy juntamente crucificado, y ya no vivo yo, mas vive Cristo en mí; y lo que ahora vivo en la carne, lo vivo en la fe del Hijo de Dios, el cual me amó y se entregó a sí mismo por mí.*

Comprendido de esta manera, la cruz llega a ser la puerta que posibilita una vida de verdadera armonía entre el esposo y la esposa. Después de todo, Cristo viviendo en el marido nunca estará en desarmonía con Cristo viviendo en la mujer.

Asimismo, la cruz abre el camino a un reino de autoridad espiritual en la oración que de otra manera parecería completamente imposible: "Si dos o tres se pusieren de acuerdo [armonizaren] en la tierra acerca de cualquiera cosa que pidieren, les será hecho por mi Padre que está en los cielos". Dios nunca rechazará una oración que se hace en verdadera armonía.

Pero sólo hay una única puerta para este tipo de armonía, tanto en el matrimonio como en cualquier otra relación personal. ¡Es la cruz!

Parte 3
Padres

7
La Revelación Definitiva de Dios

El hecho por detrás de todos los otros hechos es que Dios creó al universo como un Padre. Él dejo Su huella digital de Padre en todos los aspectos de la creación.

El apóstol Pablo escribió: "... doblo mis rodillas ante el Padre de nuestro Señor Jesucristo, de quien toma nombre toda familia en los cielos y en la tierra" (Efesios 3:14-15). La palabra traducida aquí como "familia" es *patria*, que se deriva de *pater*, la palabra griega para *padre*. Así, la traducción más directa sería: "doblo mis rodillas ante el Padre, de quien toma nombre toda *paternidad* en los cielos y en la tierra."

¡Qué hecho extraordinario! Toda paternidad en el universo no empezó en la tierra, ni tampoco empezó con el tiempo o con la historia humana, sino que comenzó en el cielo. En última instancia, se remite a la Paternidad de Dios.

Eternamente, Dios es el Padre de nuestro Señor Jesucristo, y se Le describe como tal en muchas partes de la Biblia. La relación íntima y personal entre el Padre y Su Hijo ya existía antes de que la creación empezara.

Juan 1:1 dice: "En el principio [antes de todo tiempo] era el Verbo [Jesús], y el Verbo era con Dios...". Este hecho revela algo único y especial sobre la naturaleza de Dios. En Dios no hay sólo la Paternidad sino también una relación.

1 Juan 4:16 revela otro hecho sobre la naturaleza eterna de Dios: "Dios es amor". Si juntamos este hecho al de la Paternidad de Dios, llegamos a la más maravillosa conclusión: *Dios, como Padre, creó al universo en amor. De maneras incontables, el universo que Él creó es la expresión y la puesta en práctica de Su amor Paternal.*

Toda la Creación Responde al Padre

Todo lo que Dios ha creado responde a su propia y adecuada manera a Su amor. Los cuerpos celestes se mueven en armonía con su Creador: "Hiciste la luna para medir el tiempo; el sol sabe cuándo debe ocultarse" (Salmos 104:19, VDHH). Las estrellas responden por sus nombres cuando Dios las llama: "Él cuenta el número de las estrellas: a todas ellas llama por su nombre" (Salmos 147:4). ¿No es emocionante pensar que cada una de los billones de estrellas en el universo es conocida por Dios de manera individual por su nombre?

No importa lo turbulentos que puedan parecer los elementos a veces; ellos siempre obedecen a su Creador: "El fuego y el granizo y el vapor, el viento de tempestad que ejecuta su palabra" (Salmos 148:8).

Lo mismo es verdad acerca de la creación animal: "Los leoncillos rugen tras la presa, y para buscar de Dios su comida" (Salmos

104:21). Y el salmista describe "el grande y anchuroso mar, en donde se mueven seres innumerables, seres pequeños y grandes... Todos ellos esperan en ti, para que les des su comida a su tiempo" (Salmos 104:25,27).

En lo concerniente a las aves, Jesús nos dice: "...vuestro Padre celestial las alimenta" (Mateo 6:26). En Mateo 10:29 Él dice: "¿No se venden dos pajarillos por un cuarto? Con todo, ni uno de ellos cae a tierra sin vuestro Padre [o sin la voluntad de vuestro Padre]" Y en Lucas 12:6 Jesús dice: "¿No se venden cinco pajarillos por dos cuartos? Con todo, ni uno de ellos está olvidado delante de Dios".

Así que dos pajarillos son vendidos por un cuarto, pero cinco pajarillos son vendidos por dos cuartos. En otras palabras, si compras cuatro pajarillos, consigues un quinto pajarillo gratis. Sin embargo, Dios se preocupa aun por ese quinto pajarillo.

En realidad, no hay nada que Dios haya creado con lo cual no esté íntimamente preocupado. Su amor Paternal se extiende a toda criatura del universo, a todo lo que Él ha creado.

El evangelista del siglo diecinueve, Dwight Moody, hizo el siguiente relato de cómo el mundo le parecía a él tras haber recibido a Cristo como su Salvador:

> *Recuerdo la mañana cuando salí de mi habitación tras haber confiado en Jesús por primera vez. Pensé que el viejo sol brillaba mucho más intensamente que jamás lo había hecho antes; pensé que estaba simplemente sonriendo sobre mí; y mientras salía a caminar por Boston Common y oía como cantaban los pájaros en los árboles, pensaba que estaban todos cantándome una canción a mí. ¿Sabes?, me enamoré de los pájaros. Nunca me habían importado antes. Tenía la impresión de que estaba enamorado de toda la creación.*

El gran Creador se había convertido en el Padre de Moody, y Èl dio a Su hijo recién nacido una vislumbre de cómo Él Mismo veía el mundo que había creado. Toda la creación, como Moody la vio, estaba sumergida en el inconmensurable amor de su Creador.

Sólo hay dos clases entre las criaturas de Dios que están alienadas y no responden al amor de Dios: Satanás y sus ángeles rebeldes; y la humanidad caída y pecadora. Satanás y sus ángeles se rebelaron más allá de cualquier posibilidad de reconciliación. Sin embargo, fue para reconciliar al hombre caído que Dios envió a Jesús.

Cómo Jesús Manifestó al Padre

Jesús fue enviado para llevar a cabo dos propósitos: el primero negativo, el segundo positivo: El propósito negativo era pagar la pena por nuestros pecados, para que pudiéramos ser perdonados y reconciliados con Dios. El propósito positivo era revelar a Dios como nuestro Padre y hacernos miembros de Su familia.

En muchas secciones de la Iglesia se ha dado una gran importancia al propósito "negativo" de la venida de Jesús: hacer expiación por nuestros pecados y reconciliarnos con Dios. Está bien que se enfatice este propósito; es el primer paso esencial. Pero este énfasis nunca debe ser a expensas del segundo propósito: revelar a Dios como Padre y hacernos miembros de Su familia.

En Juan 17, Jesús oró lo que se ha llamado Su Oración Sumo Sacerdotal a favor de Sus discípulos. De hecho, fue Su última comunicación con ellos antes de Su arresto, juicio y crucifixión. Tanto al principio como al final de Su oración, Jesús habló de haber dado a conocer el nombre de Dios a Sus discípulos:

> *"He manifestado tu nombre a los hombres que del mundo me diste."* *Juan 17:6*

> *"Y les he dado a conocer tu nombre, y lo daré a conocer aún, para que el amor con que me has amado, esté en ellos, y yo en ellos."* *Versículo 26*

¿Cuál fue el nombre que Jesús dio a conocer a Sus discípulos? No fue el nombre sagrado *Jehová* (o "*Yahvé*"). El pueblo judío ya conocía ese nombre desde hacía catorce siglos. Era un nombre nuevo; un nombre que se dio a entender en el Antiguo Testamento pero nunca había sido revelado abiertamente. Ese nombre era *Padre*. Jesús describió a Dios como Padre seis veces en esta oración, y dijo: "He manifestado tu nombre...".

El diccionario Webster define *manifestar* como "hacer evidente o cierto a través de mostrar o enseñar"[5]. Jesús no ofreció a Sus discípulos meramente una definición teológica de Dios, sino que *manifestó* a Dios como Padre por la manera en que vivió Su vida delante de ellos: una vida de comunión ininterrumpida con Dios y en total dependencia de Él. Ellos nunca habían visto a nadie vivir una vida de esa manera.

En Juan 14:16, hablando de Su propósito al venir a la tierra, Jesús dijo: "yo soy el camino, y la verdad, y la vida..." Estas palabras sugieren una pregunta: Si Jesús es el camino, ¿Él es el camino *hacia* dónde? Un camino nunca está completo en sí mismo. ¿Cuál es, entonces, el destino? Las palabras al final del versículo nos lo dicen: "...nadie viene al Padre, sino por mí".

Hablamos mucho sobre el Señor Jesucristo como nuestro Salvador, nuestro Intercesor, nuestro Mediador y así en adelante. Todo esto es maravilloso, pero queda corto en lo referente al propósito definitivo de Jesús: *llevarnos al Padre*.

Respecto a eso, hay una diferencia importante entre la revelación que Dios dio a través de los profetas en el Antiguo Testamento y la revelación que nos dio a través de Jesús en el Nuevo

Testamento. En Hebreos 1:1-2, el escritor dice: "Dios, habiendo hablado muchas veces y de muchas maneras en otro tiempo a los padres por los profetas, en estos postreros días nos ha hablado por el Hijo..." Más literalmente, con todo, estas últimas palabras deberían traducirse que Dios "en estos postreros días nos ha hablado *en un* Hijo...".

El punto que el escritor está defendiendo es que Dios no añadió simplemente al mensaje de los profetas del Antiguo Testamento por el ministerio de Jesús. Más que eso, el escritor revela que Jesús era *un tipo distinto de mensajero*. Él no era meramente un profeta, sino que también era un *Hijo*. Él trajo una revelación, por lo tanto, que nunca había sido dada antes; una revelación que sólo un Hijo podría traer: *una revelación del Padre*.

En Mateo 11:27, Jesús Mismo enfatiza que Él es la única Persona que puede traer la revelación de Dios como Padre:

> *Todas las cosas me fueron entregadas por mi Padre; y nadie conoce al Hijo, sino el Padre, ni al Padre conoce alguno, sino el Hijo, y aquel a quien el Hijo lo quiera revelar.*

Los Beneficios de Conocer al Padre

Cuando entramos en la plenitud de la revelación de Dios como Padre, ello proporciona cinco beneficios que la mayoría de las personas, incluso muchos cristianos, dejan de tener.

1. Identidad

El hombre moderno tiene un verdadero problema con la identidad. Es significativo que uno de los libros y una de las series de más éxito en los Estados Unidos en los años 70 fuera *Raíces*, la historia de un afroamericano que buscaba el lugar de donde había venido.

Tanto las Escrituras como la psicología concuerdan que una persona no puede contestar a la pregunta "¿Quién soy?" plenamente sin conocer quién es su padre. Porque las relaciones entre padres y madres y sus hijos se han deteriorado tanto en las dos últimas generaciones, nuestra sociedad contemporánea está sufriendo una crisis de identidad. Multitudes están sin raíces, y no se sienten identificadas con nada o nadie (no tienen ningún sentido de la identidad).

La respuesta de la cristiandad a esa crisis de identidad es llevar a los hombres y a las mujeres a entrar en una relación directa y personal con Dios el Padre, a través de Jesucristo el Hijo. Las personas que verdaderamente conocen a Dios como Padre ya no tienen un problema de identidad, sino que saben quienes son: son hijos de Dios. Su Padre creó al universo, su Padre les ama y su Padre se importa por ellos. ¡Ellos pertenecen a la mejor familia del universo!

2. Valía Personal

No puedo contar el número de personas con las cuales he hablado cuyo gran problema era el no apreciarse a sí mismas lo suficiente. Tenían una imagen demasiado baja de sí mismas, lo cual les causaba muchas agonías espirituales y emocionales. Cuando aconsejo a esas personas, un pasaje al que les llevo es 1 Juan 3:1: "Mirad cuánto nos ama el Padre, que se nos llama hijos de Dios, y lo somos" (VDHH).

Una vez que realmente comprendemos que somos hijos de Dios, que Dios nos ama de una manera íntima y personal, que Él está interesado en nosotros, que nunca está demasiado ocupado para nosotros y que desea una relación directa y personal con nosotros; entonces descubrimos nuestra valía personal. He visto esta transformación teniendo lugar en las vidas de muchas personas.

3. Consciencia de un Hogar en el Cielo

Desde el momento en que fui salvo he creído que si continuaba siendo fiel a Dios, iría al cielo cuando muriese, pero nunca pensaba en el cielo como mi hogar. Entonces, en 1966 recibí una visitación soberana de Dios a través de la cual llegué a conocerle a Él, de una manera directa y personal, como mi Padre. Desde entonces ha sido natural para mí el ver el cielo como mi hogar. Poco tiempo después le dije a Ruth: "Cuando muera, si me quieres dar una lápida, puedes simplemente escribir en ella estas palabras: "Se ha marchado a casa".

Empecé a pensar acerca del pobre mendigo que estaba echado a la puerta del hombre rico. Cuando murió, fue "llevado por los ángeles al seno de Abraham" (Lucas 16:22). Sin duda un ángel hubiese sido suficiente para llevarse esa forma escuálida, ¡pero Dios envió una escolta de ángeles! Al mendigo se le dio una bienvenida real a los brazos de Abraham. Debe de ser así, creo, para cada uno de los hijos de Dios. El Señor tiene una escolta de ángeles lista para llevarnos a nuestro hogar eterno.

Una vez, Ruth y yo conocimos a una hermana Hawaiana (la llamaremos Mary) que sirvió a Dios con fidelidad durante muchos años. Ella solía decirles a sus amigos: "Nunca he visto a un ángel. ¡Me encantaría ver uno!

Cuando Mary estaba muriéndose de cáncer en la cama, su iglesia se aseguró que siempre hubiese una hermana cristiana al lado de su lecho. Un día, el rostro de Mary se volvió radiante con la gloria de Dios. Ella estrechó sus brazos y dijo: "Los veo. ¡Veo a los ángeles!" Entonces, se fue. Su escolta angelical la había llevado a casa.

John Wesley recibió una vez una palabra que una hermana metodista que conocía había muerto. Él contestó: "¿Se fue ella en gloria, o sólo en paz?" Creo que Dios tiene una escolta de ángeles preparados para llevarse a cada uno de Sus hijos a casa con Él en gloria.

4. Total Seguridad

¿Qué vemos como el origen del universo? ¿Un *Big Bang (Gran Estruendo)*? Pues, si es así, ¡quién sabe qué tipo de estruendo puede venir ahora y borrarnos a todos del mapa! ¿Es el "estruendo" sólo una fuerza inanimada que opera sin descanso y sin propósito o sentimiento? ¿O es un Padre?

Serás una personal distinta a partir del momento en que llegues a entender el hecho de que detrás de toda vida está la Paternidad de Dios.

Una vez un amigo mío se sentía perdido y solitario tarde en la noche en las calles desiertas y airosas de una gran ciudad. Él no estaba muy seguro de que conocía el camino de vuelta al lugar donde iba a pasar la noche. Al estar de pie en una esquina, empezó a decir una y otra vez: "Padre... Padre... Padre... Padre...".

Mientras lo hacía, le vino la seguridad. Aunque el ambiente era frío e inhóspito a su alrededor, él sabía que era un hijo de Dios en el universo que Dios ha creado para Sus hijos. Entonces, llegó a salvo a su lugar.

Nosotros también estamos seguros en los brazos de nuestro Padre. Jesús nos ha garantizado que el Padre es más grande que todo lo que nos rodea, y que nadie es capaz de arrancarnos de Su mano.

A Sus discípulos, Jesús también dio esta seguridad: "No temáis, manada pequeña, porque a vuestro Padre le ha complacido daros el reino" (Lucas 12:32). Podemos ser sólo una manada pequeña, rodeados de fieras salvajes de todo tipo, pero si nuestro Padre se ha comprometido a darnos el Reino, ¡ningún poder del universo puede retenerlo de nosotros!

5. Motivación para el Servicio

En Filipenses 2:3, Pablo nos advierte como siervos del Señor: "Nada hagáis por contienda o por vanagloria..." A lo largo de los años he observado que un problema persistente y que se infiltra fácilmente en la Iglesia es la ambición personal de los que están en el ministerio, manifestándose en la competencia con otros ministerios. Déjame añadir que lo he observado principalmente y en primer lugar en mi propia vida.

Con frecuencia cometemos el error de igualar la *seguridad* al *éxito*. Si construyo la iglesia más grande, o tengo la reunión más numerosa, o consigo el mayor número de nombres en nuestra lista de correo, estaré seguro. Esto es un engaño. La verdad es que cuanto más ponemos el objetivo en el éxito personal, menos seguros nos volvemos. Somos constantemente amenazados por la posibilidad de que otra persona pueda construir una iglesia más grande, o tener una reunión más numerosa, o consiga más nombres para su lista de correo.

En cuanto a mí, he encontrado mi modelo perfecto en Jesús, quien dijo: "... no me ha dejado solo el Padre, *porque yo hago siempre lo que le agrada*" (Juan 8:29, énfasis añadido).

Soy motivado cada vez menos por la ambición personal. He descubierto una motivación más dulce y más pura: *simplemente agradar a mi Padre.* Estoy entrenándome para afrontar cada situación y decisión con una única y sencilla pregunta: *¿Cómo puedo agradar a mi Padre?* En momentos de frustración o aparente fracaso, busco quitar el foco del intentar resolver el problema al mantener una actitud que es agradable al Señor.

Como siervos de Cristo, no experimentaremos ninguna competencia entre nosotros si somos motivados por el simple deseo de agradar a nuestro Padre. La armonía y el que nos preocupemos los unos con los otros tomarán el lugar de la contienda y del egoísmo.

Todo esto (y más) está disponible para nosotros a través del conocimiento de Dios como nuestro Padre. Si hemos encontrado a Jesús como el Camino, alegrémonos. Pero no nos contentemos con continuar para siempre en el camino sin llegar al destino: conocer a Dios como Padre. El errar en esto sería frustrar el propósito mismo de Dios al enviar a Jesús.

La revelación de Dios como nuestro Padre celestial nos lleva de forma natural a nuestro próximo tema: ¿Cuántos padres humanos representan la Paternidad de Dios en sus hogares?

8

El Padre como Sacerdote

Dios no sólo escribe aseveraciones verdaderas sobre páginas, sino que Él pone la verdad en las personas. Tenemos a la Biblia, y le damos gracias a Dios por la Palabra escrita. Pero Jesús dijo: "Yo soy la verdad". Muchos de nosotros reconoceríamos que la mera verdad abstracta nunca nos satisfará. Lo que nos satisface es la verdad en persona. Necesitamos relacionarnos, no sólo con una abstracción, sino con una persona.

Cuando yo era un filósofo profesional, estaba envuelto en todo tipo de teorías emocionantes sobre la vida y su propósito, y el "estado ideal" de Platón. El problema era que yo no podía vivir en esa atmósfera rarefacta todo el tiempo. Cerca de mitad de la semana estaba allá arriba con la "teoría de ideas", y la otra mitad de la semana estaba abajo en la tierra viviendo de una manera muy carnal. Nunca estaba satisfecho, porque la mera verdad abstracta nunca nos satisface plenamente. Pero cuando conocí a Jesús yo sabía que había conocido a la verdad en Persona. Eso me satisfizo como ninguna verdad abstracta podría hacerlo nunca.

De cierta manera, Dios ha encargado a todo padre la responsabilidad de incorporar, como a una persona, la definitiva revelación de la Biblia: *la paternidad.* El ser un verdadero padre es la representación más perfecta de Dios que cualquier hombre puede alcanzar, porque esa es la revelación definitiva de Dios Mismo. En realidad, todo padre representa a Dios para su familia. ¡No es una opción! La cuestión es: *Tú, como padre, ¿representas a Dios de manera correcta o incorrecta?*

La maldición más grande de nuestra era actual es los padres que han interpretado mal a Dios. Me acuerdo de haber escuchado acerca de un hombre testificando de Cristo en la calle a hombres y mujeres jóvenes. Él dijo a un joven: "Dios quiere ser tu Padre." El joven le contestó: "Mi padre es el hombre a quien más odio en la vida." En vez de su padre ser una recomendación, ¡era una barrera! Todos tenemos conocimiento de padres como ese.

Vamos a avanzar un paso más en el cuadro de lo que es ser un padre:

> *Pero quiero que sepáis que Cristo es la cabeza de todo varón, y el varón es la cabeza de la mujer, y Dios la cabeza de Cristo.* *1 Corintios 11:3*

Esta cadena descendiente de autoridad puede ser representada por este sencillo diagrama:

Dios el Padre

Cristo

El esposo

La Esposa

En esta cadena encontramos a dos personas que se relacionan tanto hacia arriba como hacia abajo. Cristo se relaciona hacia arriba con el Padre y hacia abajo con el hombre. El hombre se relaciona hacia arriba con Cristo y hacia abajo con su esposa (y, por implicación, con toda su familia).

De la misma manera que Cristo representa a Dios para el hombre, entonces, el hombre es responsable de representar a Cristo para su familia. ¡Menuda descripción del puesto de trabajo para un padre!

Existen, creo yo, tres ministerios principales de Cristo en los cuales el padre debe representarle a Él ante su familia: sacerdote, profeta y rey. En este y en los dos capítulos subsecuentes, miraremos a cada uno de ellos, uno de cada vez.

El éxito de un padre como sacerdote determinará su éxito como profeta y rey. Si tiene éxito como sacerdote, probablemente tendrá éxito en los otros dos ministerios. Con todo, si no entiende cómo ser el sacerdote de su familia, será difícil para él ser tanto el profeta como el rey.

Establezcamos, en primer lugar, que la única palabra conectada con el sacerdocio es *sacrificio*. De acuerdo al patrón bíblico, sólo un sacerdote puede ofrecer un sacrificio. Así que el padre, como sacerdote, tiene la sagrada responsabilidad de ofrecer sacrificios a favor de su familia.

A continuación, se presentan cuatro maneras principales en las cuales un padre puede ofrecer sacrificio a favor de su familia:

1. ***Ofreciendo acción de gracias***
2. ***Haciendo intercesión***
3. ***Preparando el camino para salvación***
4. ***Ejerciendo fe para sus hijos***

1. Ofreciendo Acción de Gracias

Nuestro ministerio primordial como sacerdotes en el Nuevo Testamento se describe en Hebreos 13:15:

> *Así que, ofrezcamos siempre a Dios, por medio de él [Jesús], sacrificio de alabanza, es decir, fruto de labios que confiesan su nombre.*

Una traducción alternativa para el fruto de labios "dando gracias a Su nombre"[6] se refiere a labios que "confiesan su nombre".

El clímax de la bendición sacerdotal que Aarón y sus descendientes fueron instruidos a pronunciar sobre el pueblo de Israel vino con las palabras:

> *"Y pondrán mi nombre sobres los hijos de Israel, y yo los bendeciré"* *Números 6:27*

Con frecuencia las oraciones más efectivas que podemos ofrecer a favor de los demás son las oraciones de alabanza y acción de gracias, invocando el nombre del Señor Jesús sobre ellos. Cuando ponemos el nombre de Jesús sobre aquellos por quienes estamos orando, invocamos la bendición sobre ellos.

Pocos de nosotros se dan cuenta de cuánto levantamos a las personas en sus espíritus cuando sencillamente alabamos a Dios por ellas. Esta es una parte importante de nuestro ministerio como intercesores.

Puedes haber oído hablar de un hombre conocido como "Praying Hyde" (Hyde el orador). Él fue un extraordinario misionero en el Punjab en la India en el siglo pasado, cuando la India estaba todavía bajo gobierno británico. El ministerio de Hyde era la oración; todo lo demás era secundario.

Antes de eso se topó con un evangelista indio a quien consideraba ineficaz y frío. Al empezar a orar sobre ese hombre, él dijo: "Señor, Tú sabes lo..."

Él iba a decir: "... lo frío que fulano de tal es", pero el Espíritu Santo le paró con Proverbios 30:10: *No acuses al siervo ante su señor.*[7]

Así que el hermano Hyde cambió su abordaje. Empezó a

pensar en todo lo bueno en la vida de aquel hombre y a agradecerle a Dios por él. Dentro de unos pocos meses aquel hombre empezó a tener un éxito extraordinario como evangelista.

¿Qué cambió en él? No el ser acusado en la oración, sino el ser el objeto de acciones de gracias.

Yo les diría a los esposos y padres: Pasad mucho más tiempo dándole gracias a Dios por vuestras familias, porque al hacerlo, creáis una atmósfera a su alrededor que hace que les sea más fácil triunfar.

Ha aparecido una pegatina de esas de pegar en los parachoques de los automóviles en Estados Unidos que pone: *¿Le has dado un abrazo a tu hijo/a hoy?* Es una pregunta importante, pero no menos importante es: *¿Le has dado gracias a Dios por tu hijo/a hoy?*

Dios me ha enseñado esto: Si no puedo agradecerle por alguien, probablemente no tengo ningún derecho de orar por ese alguien. Sería mejor que no orara de ninguna manera, porque mi oración puede hacer más mal que bien.

2. Haciendo Intercesión

Echemos un vistazo a la figura de un hombre en el Antiguo Testamento, Job, que era un modelo como sacerdote de su familia. Leemos al principio del libro que Job era un hombre perfecto y recto delante de Dios. Un día a la semana sus siete hijos y tres hijas se reunían en la casa de uno de sus hijos para hacer banquetes y estar en comunión. Al final de cada semana, Job se levantaba de mañana temprano y ofrecía sacrificios a favor de todos sus hijos e hijas, diciendo: "Quizás habrán pecado y no están bien con Dios. Haré un sacrificio a su favor."

Cuando Job ofrecía un sacrificio por sus hijos, estaba reclamando los beneficios del sacrifico sobre sus vidas. Esa es una figura de la intercesión: reclamar los beneficios de un sacrificio a favor de aquellos por quienes estás orando.

Nuestro sacrificio en este punto de la historia, claro está, es el sacrificio de Jesús en la cruz. Entonces, la intercesión por nuestros hijos involucra reclamar los beneficios de la muerte de Cristo a su favor.

A estas alturas, un cínico puede comentar: "¡Pues, no le ha servido de mucho en el caso de Job!" Es verdad que en un desastre todos sus hijos desaparecieron, pero esta es una ocasión en la cual tenemos que leer todo lo que la Biblia tiene que decir.

Después que Job había aprendido sus duras lecciones, fue restaurado gloriosamente (pero no antes de haber orado por sus críticos – véase Job 42:8-10). Hay aquí una lección para todos nosotros: No debemos dejar que nuestros críticos nos derrumben. En vez de ello, debemos hacer de sus investidas contra nosotros una escalera sobre la cual escalamos hacia arriba. Cuando oremos por ellos, Dios liberará Su gracia para nosotros.

Mira los detalles de la restauración de Job.

> *Y bendijo Jehová el postrer estado de Job más que el primero; porque tuvo catorce mil ovejas, seis mil camellos, mil yuntas de bueyes y mil asnas, y tuvo siete hijos y tres hijas.*
> *Job 42:12-13*

Job recibió exactamente el doble del número de ganado que tenía antes, pero recibió sólo el mismo número de hijos e hijas. ¿Por qué Dios no dobló su número también? Tal y como lo entiendo yo, las oraciones de Job habían sido contestadas. Aunque sus primeros hijos habían sido llevados antes de tiempo a la eternidad, ellos estaban bajo los cuidados de Dios, en el lugar de los muertos justos, esperando a la redención que vendría a través de Jesucristo. Así que, cuando Dios le dio a Job sólo otros diez hijos e hijas, Él estaba, en realidad, dándole el doble, porque los primeros diez habían simplemente ido delante y estarían esperando por su padre cuando él pasara a la eternidad.

Así que, ¡la intercesión de Job sí tuvo buen resultado! De hecho, ella muestra lo urgente que era para él orar por su familia. Ese hombre de Dios no tenía ni idea del desastre que venía, en el que todos sus hijos serían llevados en un momento. Tras el desastre hubiese sido demasiado tarde para orar, pero Job ya había orado.

Todo padre, como sacerdote de su familia, necesita aprender una lección de Job. Ninguno de nosotros tiene ninguna garantía de que una tragedia o un desastre imprevisible no llevará, en un instante, a uno o más de los miembros de nuestra familia antes del tiempo a la eternidad. Todo padre es responsable delante de Dios, por lo tanto, de mantener una intercesión diaria por toda su casa.

También debemos montar guardia contra el error de buscar las respuestas a nuestras oraciones sólo en la tierra y en la era presente. Sólo en la eternidad sabremos el resultado pleno de nuestras oraciones.

3. Haciendo el Camino para Salvación

En las ordenanzas de la Pascua, vemos un tremendo ejemplo del ministerio de sacerdote de un padre. Fue a través del sacrificio del cordero pascual, recordarás, que Israel fue liberado de su esclavitud en Egipto y sacado de allí para convertirse en una nueva nación. Los egipcios, que no tenían ningún sacrificio, sufrieron el juicio de Dios sobre sus primogénitos.

La ordenanza de la Pascua dependía del padre. Nadie más podía hacer lo que él tenía que hacer. Cada padre era responsable de proveer el sacrificio por su casa, como dijo Dios a Moisés:

> *Hablad a toda la congregación de Israel, diciendo: En el diez de este mes tómese cada uno un cordero según las familias de los padres, un cordero por familia.*
> *Éxodo 12:3*

Para que el sacrificio fuera eficaz, el padre también tenía que dar otro paso. Moisés le dijo al pueblo:

> *Y tomad [es decir, cada padre] un manojo de hisopo, y mojadlo en la sangre que está en un lebrillo, y untad el dintel y los postes con la sangre que estará en el lebrillo; y ninguno de vosotros salga de las puertas de su casa hasta la mañana. Porque Jehová pasará hiriendo a los egipcios; y cuando vea la sangre en el dintel y en los dos postes, pasará Jehová aquella puerta, y no dejará entrar al heridor a vuestras casas para herir. Éxodo 12:22-23*

¿Quién era responsable de escoger el cordero? El padre de cada familia. ¿Quién era responsable de matar el cordero? El padre. ¿Quién era responsable de rociar su sangre en los postes de la casa? El padre.

En otras palabras, el padre tenía un ministerio determinado por Dios como sacerdote a favor de su familia. Era su responsabilidad hacer que la provisión de Dios de la salvación se hiciera efectiva en su casa.

Para nosotros hoy en día hay un sacrificio distinto, pero la responsabilidad del padre es la misma.

4. Ejerciendo Fe por Sus Hijos

El dramático incidente del muchacho epiléptico en Marcos 9 nos da muchas lecciones sobre la fe. Los discípulos no podían sanar al muchacho, así que el padre trajo a Jesús a él. Tras oír al padre contar acerca de los sufrimientos del muchacho, Jesús contestó:

> *Si puedes creer, al que cree todo le es posible. E inmediatamente el padre del muchacho clamó y dijo: Creo; ayuda mi incredulidad.* *Marcos 9:23-24*

Lo que me impresiona acerca de esta historia es que el muchacho no podía creer por sí mismo, pero que el Señor hizo responsable al padre por creer por su hijo. Esto, creo yo, es un principio: Dios hace responsable a los padres de tener fe por sus hijos.

Un principio del ministerio de Jesús llegó a ser muy real para mí cuando Dios me introdujo de golpe en mi ministerio de liberación. Con frecuencia venía la gente al frente en una reunión con una criatura y decía: "Ore por él" o "Ore por ella". He aprendido a preguntar: "¿Sois los padres de la criatura?" Frecuentemente la respuesta era: " No, no somos los padres. Los padres no son creyentes, pero queremos traer a esta criatura para recibir oración".

Te reto a investigar el ministerio de Jesús. Él nunca oró por una criatura, excepto sobre la base de la fe de uno de sus padres, o ambos. Su ministerio no sienta ningún precedente, por tanto, para orar por una criatura sin la participación de por lo menos uno de los padres. Los padres tienen una responsabilidad mucho más importante que muchos de nosotros están preparados para reconocer.

¿Y qué de una criatura cuyos padres no son creyentes? Dios en Su soberanía puede dar fe especial a personas que no tienen ninguna relación de sangre con una criatura. La verdad es que puedo recordar casos en mi propio ministerio en que Él ha hecho eso.

El punto que quiero enfatizar, con todo, es positivo y no

negativo: *Los padres tienen una responsabilidad dada por Dios de ejercer fe a favor de sus hijos.*

Déjame resumir las cuatro principales responsabilidades del padre como sacerdote de su familia:

1. ***Ofrecer Acciones de gracias***
2. ***Hacer intercesión***
3. ***Hacer el camino para la salvación***
4. ***Ejercer fe por sus hijos***

En el próximo capítulo trataré de la segunda responsabilidad principal del padre: ministrar como profeta a su familia.

9

El Padre como Profeta

Miremos ahora a la responsabilidad del padre como profeta de su familia.

La diferencia entre los papeles de sacerdote y profeta es esta: Como Sacerdote tú representas a tu familia ante Dios; como profeta, representas a Dios ante tu familia. Recuerda, también, que puedes ser profético no meramente por lo que dices sino por cómo te comportas. Hay cuatro maneras específicas en que nosotros los padres podemos hacer esto.

1. Representando a Dios por el Ejemplo

Un padre representa a Dios ante su familia por el ejemplo. Es la cosa más parecida a Dios que un hombre puede hacer. No obstante, existe otro lado de esto: Un padre puede representar a Dios ante su familia, pero también puede *mal interpretar* a Dios ante su familia.

¿Es el padre amoroso, accesible, compasivo, fuerte? Es fácil para una criatura hacer una imagen de Dios de esta forma si es así cómo su papá es. Pero si el padre es amargado, enfadado, crítico o simplemente ausente e irresponsable, esa criatura empieza la vida con una idea negativa acerca de Dios. Con frecuencia hace falta mucho para derrumbar esa mala comprensión temprana.

He mencionado anteriormente al joven que dijo: "Mi padre es el hombre a quien más odio en la vida". Obviamente su padre había representado a Dios completamente mal para él.

¿Cómo funciona un padre como profeta para su familia para bien y no para mal? En primer lugar y principalmente por el *amor*. Toda criatura nace en este mundo con un deseo innato de amor. El amor de una madre es bello e irreemplazable, pero no es suficiente. Hay una cualidad distinta en el amor de un padre. Incluso a un infante ese amor imparte un sentido de fuerza, de seguridad, de ser importante, de ser valioso.

Cuando este tipo de amor está faltando en la vida de una criatura, el resultado es una herida interna profunda, probablemente mejor descrita como *rechazo* (una sensación de no ser importante y no ser querido). Esa fue la herida final que mató a Jesús en la cruz: el rechazo por parte de Su Padre. Él clamó: "Dios mío, Dios mío, ¿por qué me has desamparado?" (Marcos 15:34), pero no recibió ninguna respuesta. Luego inclinó Su cabeza y exhaló Su último suspiro.

Esta fue la última y terrible consecuencia que Jesús soportó porque se identificó con el pecado de toda la humanidad. Tan terrible es el mal del pecado que Dios el Padre tuvo que cerrar Sus oídos incluso al clamor de Su Hijo amado. Pero, recuerda, Jesús soportó nuestro rechazo para que pudiéramos tener Su aceptación.

Millones incontables de personas en nuestra sociedad contemporánea cargan con las heridas internas del rechazo. Algunos nunca han conocido el amor ni del padre ni de la madre. En la mayoría de los casos esa herida del rechazo nunca es realmente diagnosticada, y los que la soportan pasan por la vida con una sensación de estar incompletos, pero nunca comprenden qué falta exactamente.

Los síntomas de esta herida pueden ser tanto pasivos como activos. En su lado pasivo, los síntomas pueden asumir cualquiera de las siguientes formas, o todas ellas: *depresión, cinismo, falta de motivación, falta de esperanza* y, en última instancia, *tendencias suicidas*. En su forma activa, pueden asumir la forma de *frustración, ira, rechazo de la autoridad, violencia, criminalidad* y, en última, *el asesinato*. La causa no diagnosticada de gran parte de los crímenes y violencia en la sociedad occidental es, desde mi punto de vista, tan sencillo y radical como esto: el fracaso de los padres a la hora de amar a sus hijos.

Algunas veces el problema no es que los padres no aman a sus hijos, sino que no saben cómo demostrar su amor. El amor no demostrado no satisface las necesidades de los hijos.

Mientras crecía, en muchas maneras fui bien cuidado, pero las personas de mi familia eran parte de la sociedad británica del "labio superior rígido". Ellas raramente demostraban cualquier calidez emocional. No era que no la tenían en sus corazones, sino que estaban impedidas de expresarla por reglas sociales que no estaban escritas. No me acuerdo, por ejemplo, de que mi padre jamás me haya puesto en sus rodillas. Esto dejó un hueco en mi personalidad que ha sido rellenado gradualmente sólo a medida que he tenido una relación cada vez más profunda con Dios como mi Padre.

Sin embargo, he descubierto que el amor Paternal de Dios no es ni débil ni sentimental. Él no consiente los cambios de humor y caprichos de Sus hijos. Al revés, Su amor se expresa por la firme disciplina: "Porque el Señor, al que ama disciplina, y azota a todo el que recibe por hijo" (Hebreos 12:6).

A través de todo el libro de Proverbios, Salomón enfatiza tanto la importancia como la urgencia de la disciplina de un padre. Por ejemplo: "El que detiene el castigo, a su hijo aborrece; mas el que lo ama, desde temprano lo corrige" (Proverbios 13:24). Y otra vez: "Corrige a tu hijo, y te dará descanso, y dará alegría a tu alma" (Proverbios 29:17).

La experiencia confirma la sensatez del consejo de Salomón. En una casa donde los hijos no son disciplinados, puede haber muy poca paz.

Como el padre es la cabeza de la familia, toda disciplina debería ser vista como procedente de él. Con todo, a veces la madre puede ser la que realmente la lleva a cabo. Es importante que la disciplina de los padres sea consistente. Ambos padres deben seguir un modelo de disciplina al que se ha llegado de mutuo acuerdo. Si no es así, es probable que los hijos busquen poner los padres en contra el uno del otro.

Al ejercer la disciplina, debes estar de guardia contra dos peligros opuestos. El primer peligro es la rebeldía en la criatura. Para evitar la rebeldía, asegúrate de que tu disciplina es firme y consistente. No permitas que los hijos se tornen evasivos o irresponsables, o que te contesten con aspereza. Exige que hagan lo que les has dicho con prontitud y calladamente.

No obstante, también debes estar de guardia contra el extremo opuesto, que es el desaliento. Si un padre es más severo, crítico o exigente de lo que debe, la criatura se volverá desanimada y asumirá la actitud de "No sirve de nada. Nada de lo que hago jamás complace a mi papá. Igual ni siquiera lo intentaré".

Pablo dice dos cosas sobre esto: "Padres, no exasperéis a vuestros hijos, para que no se desalienten" (Colosenses 3:21) y "Y vosotros, padres, no provoquéis a ira a vuestros hijos" (Efesios 6:4).

He ministrado a muchas personas que tenían problemas emocionales severos. No puedo calcular cuántas veces la falta de sentimiento de valor propic o la presencia de sentimiento de fracaso de una persona se remontaba a un incidente en la infancia, cuando él o ella recibió una forma equivocada de tratamiento por parte de unos de los padres. Puede haber sido la crítica, el que se hayan mofado de él/ella, el haber sido amonestado/a injustamente delante de los demás (o cosas peores). El tratamiento ha dejado una herida en el alma de la criatura que no había sido sanada durante quizás veinte o treinta años.

Como padre, por un lado debes mantener la disciplina, pero por otro lado no debes desalentar a tu hijo con exigencias injustas o excesivas.

2. Representando a Dios a través de La Enseñanza

El ejercicio de la disciplina en el hogar preparará el camino para la segunda faceta de tu servicio como profeta de tu familia: instruirles en los caminos de la Palabra de Dios.

Una de las cosas que ha quedado claro para mí como director de la facultad de entrenamiento de profesores en Kenya es que si no puedes disciplinar a los alumnos, no les puedes enseñar. Es por eso que hay tantas criaturas sin enseñar en la cultura contemporánea. Si mantienes la disciplina, por un lado, también puedes enseñar.

Pablo dice: "Y vosotros, padres, no provoquéis a ira a vuestros hijos, sino criadlos en la disciplina del Señor" (Efesios 6:4). ¿Quién, según este versículo, es responsable en primera instancia por enseñar a los hijos la verdad de la Palabra de Dios? El Padre. Pero ¿quién frecuentemente lo hace? La madre. ¿Es ese el orden de Dios? No. Pero si es así como la Palabra de Dios es enseñada, cuando Pepito tenga doce años de edad, a lo mejor dirá: "Quiero ser un hombre como mi papá. Él no va a la iglesia y no lee la Biblia, así que no lo tengo que hacer yo tampoco". ¡Esa es la razón por la cual las mujeres en algunas congregaciones exceden en número a los hombres a 2 por 1!

¡Dios bendice a las mujeres que tienen que instruir a sus

familias porque el padre ha fallado! El problema es que los niños se quedan con la impresión de que el cristianismo es algo para las mujeres. Las mujeres que tienen la tarea de instruir a sus hijos necesitan entonces asegurarse de que haya un líder espiritual del sexo masculino en algún lugar en la vida del niño.

Moisés da un consejo sorprendentemente sabio a los padres acerca de la instrucción espiritual en los hogares: "Por tanto, [padres] pondréis estas mis palabras en vuestro corazón y en vuestra alma, y las ataréis como señal a vuestra mano, y serán por frontales entre vuestros ojos" (Deuteronomio 11:18). La Palabra de Dios, en otras palabras, ¡debe ser conspicua en tu vida!

En este versículo de Deuteronomio 11, he insertado la palabra *padres* entre corchetes. Esto es para sacar un punto en el original hebreo que no se hace claro en una traducción en español. Los verbos y pronombres hebreos utilizan diferentes formas según la persona que está hablando o a la que se dirige sea masculina o femenina. En el pasaje mencionado arriba, todas las palabras están en la forma masculina. En otras palabras, Moisés dirige sus aseveraciones en primera instancia (pero no exclusivamente) a los padres. Esto no quiere decir que las madres no tienen ninguna parte en la enseñanza de los hijos, pero sí significa que el padre de cada familia debe ser visto como la autoridad desde la cual procede la enseñanza.

En Deuteronomio 11:19, Moisés continúa: "Y las enseñarás a vuestros hijos, hablando de ellas cuando te sientes en tu casa, cuando andes por el camino, cuando te acuestes, y cuando te levantes".

Toda situación en la vida de una familia puede ser una ocasión para enseñar las Escrituras a los jóvenes. No las confines a un ambiente religioso, un día a la semana.

He ministrado a los hijos de un buen número de ministros a lo largo de los años. Para esos hijos la religión era con frecuencia un traje especial que vestían para ir a la iglesia los domingos. Los pondrían de vuelta a casa, se los quitaban, los guardaban en el armario y no lo volvían a vestir hasta el domingo siguiente. Esto era culpa de los padres y madres; porque la fe, para que valga algo, debe ser parte de la vida diaria del hogar.

He mencionado en el capítulo 1 que Lydia, antes de que me casara con ella, era la madre de ocho niñas adoptadas a quienes ella criaba sola. Como familia, tenían poco dinero y frecuentemente no tenían ninguna promesa de comida para el día siguiente. Una cosa que sí hizo Lydia fue hacer que las niñas oraran con ella: "Niñas", decía, "no tenemos dada para el desayuno. Lo mejor es que oremos". Todas oraban y la comida venía. ¡El ver a Dios contestar a sus oraciones enseñó a las niñas más sobre Él que una docena de lecciones en la escuela dominical!

Nunca deje a los niños fuera de tu vida espiritual, sino haz que entren en ella. Si vais a ir de vacaciones, orad sobre dónde iréis y lo que haréis. Si un hijo tiene un problema en el colegio, no des simplemente la respuesta correcta. En vez de ello, di: "Vamos a orar juntos acerca de eso".

Cuando los hijos aprenden a orar, crecen como creyentes. Lo puedo decir por experiencia. Ninguna de nuestras niñas ha estado nunca sin las tentaciones, sino que todas han tenido sus pruebas y problemas, pero todas recuerdan las veces en sus vidas cuando Dios contestó a sus oraciones.

Cuando Lydia y yo estábamos sirviendo como misioneros educacionales en Kenya, llevamos a nuestra hija Elisabeth, que tenía dieciocho años en aquel entonces, con nosotros a una conferencia cristiana en Mombasa. Elisabeth tenía una miopía muy fuerte y su vista se estaba deteriorando. Todos los años teníamos que conseguir gafas más fuertes para ella. Así que, le dijimos al predicador en Mombasa: "¿Oraría usted por los ojos de Elisabeth?"

Él oró y Elisabeth se quitó las gafas. ¡Nosotros no le dijimos que lo hiciera!

Unos cuantos días más tarde nos preguntábamos qué tal le iba a Elisabeth.

"¿Qué tal tus ojos?" preguntamos.

"Bien.", contestó ella. "Él oró, ¿verdad?"

Más tarde las pruebas de la vista de Elisabeth dieron como resultado "perfecta" y ¡ella se graduó de la escuela de enfermería sin el uso de las gafas!

Nuestra hija Elisabeth atravesó los mismos tipos de pruebas que todos los cristianos afrontamos, pero había una cosa que nunca dudaría: *¡Dios es real!* ¿Cuál fue su prueba? ¡Su vista!

Una experiencia de una oración contestada es un áncora cuando las personas están en peligro o están siendo llevadas por el oleaje de este mundo, así que haga que recuerden algo que les pasó cuando oraste por ellas.

Un amigo íntimo mío es un ministro y tiene cuatro hijas. Ellas eran como las hijas de Felipe: Cuando todavía eran niñas, cada una de ellas tenía un ministerio profético (véase Hechos 21:8-9) y una responsabilidad especial de oración. Una oraba por las finanzas, la segunda por sanidad, la tercera por problemas en el colegio y la cuarta por cualquier otra necesidad. Porque esas niñas tenían su parte en la vida espiritual de la familia, estaban arraigadas en Cristo. Como resultado, la familia permaneció en una relación muy próxima, incluso cuando las niñas ya se habían casado.

No bendices a los niños quitándoles la responsabilidad espiritual. Por lo contrario, cuanto más les comisionas, tanto más fuertes crecerán. Pero hazlo gradualmente y con sabiduría.

3. Comunicando en Ambas Direcciones

Con el fin de enseñar a tu familia acerca de Dios, debes de tener las líneas de comunicación despejadas. Muchos libros y maestros ofrecen instrucciones de cómo comunicarse, pero me gustaría ofrecerte unas cuantas de mis propias observaciones.

Primero, la comunicación más efectiva entre un padre y un hijo generalmente tiene lugar en un ambiente no religioso. Si los niños asocian las instrucciones de sus padres con algo rígido, formal o religioso, al final tienden a molestarse tanto por la fe como por la instrucción.

Otro principio esencial en la comunicación con los niños es no hablar con ellos simplemente, sino dejarles hablarte a ti. La mayoría de las personas que tratan con niños desviados o delincuentes concuerdan que casi todos esos jóvenes tienen una reclamación en común: *Nuestros padres nunca nos escuchan*. Anima a los niños a expresarse y explicar sus problemas. No crees una atmósfera demasiado religiosa, ¡y no parezcas aturdido por algunas de las cosas que te cuenten!

Finalmente, las cosas más importantes que le dices a tu hijo se dicen con frecuencia de una manera informal y de improviso cuando menos lo esperas (cortando el césped, cuidando del jardín, en una pescaría, limpiando el garaje, intentando averiguar por qué su coche no arranca. Es en estas ocasiones que te será posible transmitirle a tu hijo o hija los profundos principios de la palabra de Dios. El tener un "altar familiar" simplemente no lo conseguirá hacer, necesariamente. Mucho depende de cómo tu familia pasa el resto del tiempo. Las situaciones cotidianas se prestan a la comunicación real.

4. Salvando a Tu Familia en los Últimos Días

He enseñado muchas veces sobre la Escritura: *"Como fue en días de Noé, así también será en los días del Hijo del Hombre"* (Lucas 17:26). Siempre llamo la atención al hecho de que los males de los días de Noé están ocurriendo delante de nuestros ojos hoy. Pero un día vi lo positivo en el mensaje de la historia de Noé: *"Por la fe Noé, cuando fue advertido por Dios acerca de cosas que aún no se veían, con temor preparó el arca en que su casa se salvase..."* (Hebreos 11:7). Noé, el hombre recto, oyó de Dios sobre el desastre que había de venir, hizo los preparativos y salvó a su familia.

Los días en los cuales vivimos ahora se están volviendo cada vez más como los días de Noé. Una característica particular de los días de Noé era que *"la tierra esta[ba] llena de violencia"* (Génesis 6:13). ¡Eso es ciertamente correcto acerca de la tierra en hoy en día! Crímenes violentos son cada día más frecuentes. Habiendo crecido en Gran Bretaña entre las dos guerras mundiales, puedo recordar cuando un ladrón robando un automóvil o robando la cartera de una señora hubiese salido en titulares. Hoy en día los crímenes violentos importantes son tan frecuentes que apenas son noticia. Es posible que también recuerdes más recientemente cuando era posible subir a un avión sin ningún registro de seguridad. ¡Hoy día no!

Déjame hacer un breve relato de dos incidentes en los que la sensibilidad de un padre ha salvado de la muerte a uno o más miembros de su familia de una posible muerte.

Uno de mis bisnietos conducía la furgoneta de la familia con su esposa y tres niños pequeños como pasajeros. Normalmente su esposa hubiese sentado en el asiento del acompañante a su lado, pero por alguna razón quedaron en que ella se sentaría en el asiento trasero con los tres niños pequeños.

Cuando la furgoneta pasaba bajo un puente de cambio de sentido, alguien tiró un trozo de cemento sobre la furgoneta. El parabrisas del lado del acompañante se hizo pedazos y todos los que estaban dentro fueron cubiertos de trocitos de cristal, pero nadie en la familia había recibido la más mínima herida. Sólo entonces los padres se dieron cuenta de la razón por la cual habían sido impedidos de poner a todo el mundo en el asiento delantero, al lado del conductor. Si alguien hubiese estado en ese asiento, el resultado hubiese sido completamente distinto.

El segundo incidente tiene que ver con un amigo mío, a quien llamaré Malcom. Él tuvo una premonición una noche de que algún tipo de peligro estaba amenazando a un miembro de su familia.

La mañana siguiente, cuando su hija se estaba preparando para ir a trabajar en el coche de su madre, como lo hacía todos los días, Malcom le dijo: "Esta mañana siento que debes ir en mi coche, no en el de tu madre."

Conduciendo el coche de su padre, la joven llegó a un trozo de carretera donde había algo de aceite derramado. El coche deslizó y perdió el control y se estrelló, pero la joven no sufrió ningún daño grave porque el *airbag* se llenó de aire. Si ella estuviese conduciendo el coche de su madre, que no tenía *airbag*, probablemente el accidente hubiese sido fatal.

Los días en los que vivimos exigen padres con un espíritu profético como Noé; padres que sean sensibles a indicios de peligro que acechan a sus familias y quienes realizarán acciones protectoras a su favor.

10

El Padre como Rey

Revisemos las tres funciones principales de un padre. Como sacerdote, representa a su familia ante Dios. Como profeta, representa a Dios ante su familia. Finalmente, como rey, gobierna a su familia en nombre de Dios.

¿Qué exactamente significa para un padre ser un rey?

En 1 Timoteo 3:4-5, Pablo discute las cualificaciones para un hombre que quiere ser un líder en su iglesia. El área más importante de todas, escribe Pablo, es las condiciones de la casa del hombre. Ese hombre debe *"gobernar bien su casa, que tenga a sus hijos en sujeción con toda honestidad"* (1 Timoteo 3:4). Se espera de él que ejerza autoridad y tenga a sus hijos en respeto, obediencia y bajo su control.

La palabra griega traducida como *gobernar* significa literalmente "destacarse delante de" o "estar de pie delante de". Contiene varias ideas relacionadas, incluyendo "gobernar", "proteger" y "controlar". Esencialmente, la palabra significa que el padre permanece en la cabeza del hogar. El se pone entre su familia y las presiones y peligros de la vida. Él también va delante de ellos y da ejemplo de un vivir piadoso.

El liderazgo exitoso en el hogar, Pablo continua, es esencial para el liderazgo en la iglesia. *"Pues el que no sabe gobernar su propia casa, ¿cómo cuidará de la iglesia de Dios?"* (versículo 5). Si un hombre no consigue alcanzar el liderazgo exitoso en su casa, en otras palabras, no puede esperar tener éxito como líder en la iglesia de Dios.

Hubo un tiempo en que disfruté de una amistad breve con Lewi Pethrus de Suecia, quien pastoreaba la iglesia pentecostal más grande de Europa a través del período de la Segunda Guerra Mundial. Él fue un hombre que tomaba muy en serio los requerimientos bíblicos para ser pastor.

En una ocasión vino delante de su congregación y les dijo que dimitía como su pastor.

"Las Escrituras dicen que debo tener a mis hijos en sujeción", explicó, "pero mis hijos no están caminando con el Señor, así que, debo dimitir".

"¡No lo haga!", respondió la congregación. "Oraremos por sus hijos para que sean salvos".

La gente oró, los hijos fueron salvos y el Pastor Pethrus no dimitió.

Infelizmente, muchos hombres en el ministerio hoy en día no toman las exigencias de las Escrituras tan en serio.

Hay una razón lógica por la cual el éxito como padre debe ser un requisito para ejercer el oficio de pastor. El hogar es en realidad una iglesia en miniatura.

En una iglesia neotestamentaria había tres elementos principales:

1. ***El pastor (generalmente plural – también llamados "ancianos")***
2. ***Diáconos o ayudadores***
3. ***La congregación o rebaño***

Éstos corresponden a los tres elementos principales en el hogar:

1. ***El padre, quien tiene la responsabilidad de pastor***
2. ***La esposa, quien fue creada para ayudar al marido así como un diácono ayuda al pastor***
3. ***Los hijos, quienes son la congregación o rebaño***

Dios ha construido dentro de la familia, entonces, todos los elementos básicos que hacen la vez de una iglesia del Nuevo Testamento. Dios dice al padre de la familia, en efecto: "Haz que tu pequeña iglesia tenga éxito (la que te he encargado a ti en tu propio hogar) y luego serás apto para la promoción en la Iglesia de Dios".

Caminando en Los Pasos de Abraham

Ahora dirigimos la mirada hacia Abraham como una figura de un padre que aceptó y llevó a cabo su responsabilidad de gobernar o ser el rey de su familia.

¿Te has preguntado alguna vez por qué Dios escogió a Abraham entre los cientos de miles de hombres sobre la tierra en aquellos tiempos? ¿Por qué tuvo Abraham el privilegio de conducir una nueva raza que traería la salvación a toda la humanidad?

Primero, mira el significado del nombre de Abraham. Originalmente era Abram, que quiere decir "padre exaltado". Luego, cuando Dios hizo Su segundo y eterno pacto con este hombre, cambió su nombre a Abraham, que significa "padre de una multitud". Puedes ver en ambas formas que el primer hecho acerca de su nombre es que era un padre. Eso es tremendamente significativo. Dios escogió Abraham *como un padre*.

Luego, vamos a echar un vistazo a algo importante que Dios

le dijo a Abraham:

> *Y Jehová dijo: ¿Encubriré yo a Abraham lo que voy a hacer, habiendo de ser Abraham una nación fuerte, y habiendo de ser benditas en él todas las naciones de la tierra? Porque yo sé que mandará a sus hijos y a su casa después de sí, que guarden el camino de Jehová, haciendo justicia y juicio, para que haga venir Jehová sobre Abraham lo que ha hablado acerca de él* Génesis 18:17-19

La Nueva Versión Internacional dice: *"Lo he escogido, para que guíe a sus hijos..."* (versículo 19). La palabra traducida aquí como "guiar" es la palabra hebrea estándar para "mandar". Es usada normalmente en ese sentido en todas las ordenanzas de Moisés. No importa la traducción que sigamos, la verdad es que Abraham era adecuado para la elección de Dios porque Dios podía confiar en que él *mandaría* a sus hijos y a su casa.

La palabra *mandar*[8] es una palabra fuerte, casi un término militar. Algunas esposas o madres podrán decir: "¿Estás hablando del hombre como siendo un dictador?" No. No obstante, hay algunas situaciones en las cuales un hombre es responsable de decir: "Con el fin de agradar a Dios y obtener Su bendición, es así como vamos a hacer las cosas en nuestra casa. No vamos a hacer esto, pero vamos a hacer lo otro".

Un padre tiene el derecho, creo yo, de determinar algunas de las reglas básicas de su casa: a qué hora van a comer juntos, a qué hora los hijos más jóvenes deben volver a casa, el tipo de diversión que se les permite a los hijos, el uso de la televisión, etc. No es meramente el privilegio del padre, sino su obligación.

Un padre no debe tomar decisiones como estas, claro está, sin primero consultar con su esposa y asegurarse de que ella está de acuerdo. Sin embargo, la responsabilidad final para el orden de la casa recae sobre el padre. Él es quien deberá responder delante de Dios por su familia.

En Romanos 4:11-12, se nos dice que Abraham es un padre para todos los que *siguen sus pisadas*. Eso quiere decir que no puedo simplemente decir: "Soy nacido de nuevo, y por tanto Abraham es mi padre." Tengo que caminar como caminó Abraham. En ningún área es esto más importante que en la familia.

Orden en La Familia Celestial

Para encontrar el modelo perfecto de autoridad en la familia, deberíamos mirar a la familia divina en el cielo. ¿Cómo funciona la autoridad en la relación entre Dios el Padre y Dios el Hijo?

La manera en que Jesús habló acerca de Su relación con Su Padre desafía a algunas teorías contemporáneas sobre criar a los hijos:

> *Por eso me ama el Padre, porque yo pongo mi vida, para volverla a tomar. Nadie me la quita, sino que yo de mí mismo la pongo. Tengo poder para ponerla, y tengo poder para volverla a tomar. Este mandamiento recibí de mi Padre.*
>
> *Juan 10:17-18*

Esto deja claro que Dios el Padre dio órdenes y Jesús el Hijo las llevó a cabo.

Otra vez, en Juan 12:49-50, Jesús dice:

> *Porque yo no he hablado por mi propia cuenta; el Padre que me envió, él me dio mandamiento de lo que he de decir, y de lo que he de hablar. Y sé que su mandamiento es vida eterna. Así pues, lo que yo hablo, lo hablo como el Padre me lo ha dicho.*

Por tanto, en toda su enseñanza, Jesús estaba obedeciendo a un *mandamiento* que Él recibió de Dios, Su Padre.

Más adelante, en Juan 14:31, cuando Jesús se preparaba para dejar el Aposento Alto y enfrentar el encuentro que lo llevó a Su juicio y ejecución, Él dijo:

Mas para que el mundo conozca que amo al Padre, y como el Padre me mandó, así hago. Levantémonos, vamos de aquí.

Entonces Jesús fue a la cruz en obediencia a la orden de Su Padre. ¡Esa fue la prueba definitiva de obediencia!

En Hebreos 5:8, el escritor resume todo esto en una simple frase: *"Y aunque [Jesús] era Hijo, por lo que padeció aprendió la obediencia".*

Aquí está el modelo, entonces, de dos Personas divinas: el Padre y el Hijo. El Padre dio las órdenes y el Hijo aprendió obediencia al obedecer a las órdenes. Su obediencia le costó Su vida. No hay ningún patrón bíblico para la dejadez o la falta de cuidado. Dios es un Dios preciso. Él nos dice exactamente lo que quiere que nosotros hagamos y espera que lo hagamos.

Este patrón debería reproducirse en la familia humana. Nosotros, en la tierra, no tenemos ninguna libertad para mejorar el modelo establecido para nosotros en el cielo.

Disciplina en El Hogar

Acabamos de ver en Hebreos 5:8 que Jesús tuvo que *aprender* obediencia. Esto indica que la obediencia necesita ser *enseñada*. El enseñar la obediencia es lo que llamamos *disciplina*. La manera de producir hijos infelices y frustrados, por otro lado, es malcriarlos (darles todo lo que piden, hacer todo lo que quieren, sucumbir a toda demanda). Los hijos que son criados de esta manera, cuando sean mayores, esperarán que la vida les trate de la misma manera que lo hicieron sus padres. ¡Pero la vida no juega el juego de esta forma! La vida es bastante dura, y está cada vez más dura. He observado las vidas de personas cuyos padres y madres les han tratado con un mimo antibíblico, y diría que, en grados diversos, todas han tenido vidas difíciles.

El mimar a tus hijos no es bondad. Con frecuencia, la verdad es que es la expresión de la *pereza*. Hace falta mucho menos esfuerzo mimar a tus hijos que disciplinarlos.

Los hijos más infelices son aquellos que no tienen ninguna disciplina en sus vidas. También son los más inseguros; porque una criatura necesita tener unos límites que le dan seguridad.

Me acuerdo cuando mi hija africana, Jesika, tenía cerca de dieciséis años y estaba pasando por algunos de los problemas que los adolescentes atraviesan. Aunque era una cristiana sincera, en una ocasión quiso hacer algo que no era ni sabio ni correcto.

"¿Puedo hacerlo?", preguntó. "¿Me dejarás hacerlo?"

"No, no te dejaré hacerlo", contesté, "porque será malo para ti".

Sabía con antelación que Jesika se enfadaría, pero vi en sus ojos el alivio de que yo había puesto unos límites. Ella no tuvo la fuerza en sí misma para hacerse sus propios límites, pero se sentía grata a mí por haber establecido unos límites para ella.

Es injusto soltar a los hijos (especialmente en el mundo de hoy) sin ningún límite. Esos límites deben ser sencillos y prácticos, y normalmente deben ser explicados a los hijos:

"¿Por qué no vemos este o aquel programa en la televisión?"

"Porque te da un mal ejemplo y te anima a hacer cosas que son prejudiciales para ti."

Por otro lado, puede haber unas cuantas situaciones en las que contestar a "¿Por qué?" es simplemente "Porque papá [o mamá] lo ha dicho". Dar una razón para algunas reglas puede ser demasiado complicado para una criatura pequeña comprender. Dudo, por ejemplo, que la mayoría de los israelitas comprendiesen todos los motivos de las reglas alimentarias en Levítico 11. ¡A pesar de eso, Dios esperaba que obedecieran!

Mientras nuestras hijas crecían, una porción de las Escrituras que Lydia y yo les dábamos para memorizar era 1 Samuel 15:22: *"... ciertamente el obedecer es mejor que los sacrificios, y el prestar atención que la grosura de los carneros".* ¡Años más tarde me sorprendí al descubrir a algunas de ellas enseñando esas mismas escrituras a sus hijos!

En el próximo capítulo, continuaré nuestro estudio de la paternidad, contrastando a dos padres descritos en el libro de Génesis.

11

Un Cuadro de Dos Padres

Hubo una vez un hombre que jugó un importante papel en la vida de Abraham. Era el sobrino de Abraham, Lot. Los dos hombres habían pasado por muchas cosas juntos. Sin lugar a dudas Lot había observado los tratos de Dios con Abraham y había llegado a tener su propia relación personal con el Señor. Pero llegó el momento en el que los dos tenían que separarse, porque *"la tierra no era suficiente para que habitasen juntos, pues sus posesiones eran muchas, y no podían morar en un mismo lugar"* (Génesis 13:6).

Abraham le permitió a Lot escoger dónde quería ir. El acto de la separación sacó a la luz una diferencia decisiva en los dos hombres: una diferencia de *visión*.

La visión de Abraham se extendía más allá de las cosas temporales (fuera de este mundo y hacia la vida eterna):

> *Porque esperaba la ciudad que tiene fundamentos, cuyo arquitecto y constructor es Dios. Hebreos 11:10*

Abraham hizo sus elecciones en la vida con sus ojos fijos en su destino eterno. Lot, por otro lado, no vio ningún futuro más que lo que le rodeaba en ese momento:

> *Y alzó Lot sus ojos, y vio toda la llanura del Jordán, que toda ella era de riego, como el huerto de Jehová, como la tierra de Egipto en la dirección de Zoar, antes que destruyese Jehová a Sodoma y a Gomorra. Entonces Lot escogió para sí la llanura del Jordán; y se fue Lot hacia el oriente, y se apartaron el uno del otro. Abraham acampó en la tierra de*

Canaán, en tanto que Lot habitó en las ciudades de la llanura, y fue poniendo sus tiendas hasta Sodoma.
Génesis 13:10-12

En el siguiente versículo bíblico el autor añade, casi entre paréntesis:

Mas los hombres de Sodoma eran malos y pecadores contra Jehová en gran manera. *Versículo 13*

La visión de Lot determinó el rumbo que tomó. Fue atraído de forma irresistible hacia la riqueza y la fertilidad de Sodoma, y estaba ciego a la forma de vivir extremadamente pecaminosa de los habitantes de Sodoma.

Algunos años más tarde Dios envió a dos ángeles a Sodoma para proclamar Su juicio inminente sobre la ciudad. Por aquel entonces Lot ya no tenía sólo su rostro vuelto hacia Sodoma, sino que estaba bien dentro de la ciudad, en realidad "sentado a la puerta" (Génesis 19:1). Esto indicaría que Lot mantenía una posición de autoridad en la comunidad. Aunque no había seguido las prácticas pecaminosas del pueblo, se había vuelto uno de ellos.

Los ángeles le advirtieron con urgencia a Lot que juntara todos los miembros de su familia: "Yernos, y tus hijos y tus hijas, y todo lo que tienes en la ciudad" (Génesis 19:12); y se escapara con ellos antes de que la ciudad fuese destruida.

Entonces salió Lot y habló a todos sus yernos, los que habían de tomar sus hijas, y les dijo: Levantaos, salid de este lugar; porque Jehová va a destruir esta ciudad. Mas pareció a sus yernos como que se burlaba. *Versículo 14*

Porque la idea del juicio de Dios le pareció ridícula a sus yernos, al final consiguió llevar consigo solamente a su esposa y a sus dos hijas solteras. Incluso entonces, fuera de la ciudad, su esposa miró atrás para dar un último y apenado vistazo a todo lo que estaba dejando a sus espaldas y fue transformada en una estatua de sal.

Más tarde veo a Lot (desde la seguridad de las montañas a las que huyó) mirando sobre las ruinas humeantes que una vez habían sido Sodoma, y sobre el pilar de sal que una vez había sido su mujer. "He llevado a toda mi familia a aquel lugar", puede haber dicho, "pero los únicos que me han seguido para salir de allí fueron estas dos hijas mías". (Podríamos destacar que incluso ellas se involucraron en una relación incestuosa con su padre.)

¿Fue Lot aplastado por el sobrecogedor sentimiento de culpa cuando se dio cuenta de que había fracasado en cumplir con sus responsabilidades para con su familia? Las escrituras no nos dan ninguna respuesta a esta pregunta, pero déjame sugerirte, si eres un padre, que por unos pocos momentos te pongas en el lugar de Lot. ¿Puedes imaginarte a ti mismo pensando: *Que hubiera hecho las cosas de manera distinta; si yo hubiese tan sólo permanecido más cerca de Abraham?*

Ahora hazte a ti mismo unas cuantas preguntas fundamentales:

¿Qué tipo de ejemplo he estado dando a mi familia? ¿Estoy dándoles propósitos eternos y estándares eternos por los cuales vivir? ¿O estoy comprometiendo mis estándares y compromisos a favor de la prosperidad material y del éxito en este mundo?

Cada uno de estos dos hombres, Abraham y Lot, tenía una visión. La visión de Abraham se centraba en una ciudad gloriosa y eterna que Dios ha preparado para Sus siervos, quienes le sirven plenamente. La visión de Lot se centraba en la prosperidad material de una ciudad terrenal y lo cegó a la manera pecaminosa de vivir de sus moradores. La visión de cada hombre ha determinado, no sólo el rumbo que él mismo seguiría, sino también el destino de su familia.

Muchos siglos más tarde este principio aún permanece verdadero: *Un padre le imparte a su familia la visión que dirige su propia vida.* Todo padre necesita hacerse, por tanto, las siguientes preguntas:

¿Qué visión le estoy impartiendo a mi familia? ¿Les estoy inculcando valores eternos que les llevarán a vidas de servicio por Jesucristo? ¿O estoy principalmente preocupado con el éxito terrenal: una carrera, la comodidad material, la independencia financiera, el status en la comunidad?

Una vez oí una charla del presidente de un famoso instituto evangélico. La mayoría de los padres y madres que envían a sus hijos a ese instituto son cristianos profesos. Pero el presidente tenía esto que decir:

"Me empeño, en algún momento, en preguntar a cada uno de mis alumnos: 'Cuando tus padres te enviaron a este instituto, ¿qué te dijeron que era la cosa más importante en tu futuro? ¿Era que te volvieras un siervo fiel de Jesucristo?'

"Hasta este momento", continuó el presidente, "ninguno de mis alumnos jamás ha contestado sí".

Si tu hijo o hija fuese a matricularse en ese instituto, ¿cómo contestaría?

12

Cuando Los Padres Fracasan

En los capítulos precedentes he delineado las tres responsabilidades dadas por Dios que todo hombre tiene hacia su familia: como *sacerdote*, interceder por ellos; como *profeta*, representar a Dios para ellos; como *rey*, gobernarles de acuerdo a los estándares de rectitud de Dios.

En el último capítulo hemos visto como el fracaso de Lot a la hora de cumplir con sus obligaciones como padre trajo el desastre sobre toda su familia. Por otro lado, hemos observado que Dios escogió a Abraham porque podía confiar en que fuera fiel en sus obligaciones como padre, y sobre esa base Dios le prometió que se tornaría en la cabeza de una grande y poderosa nación.

Esto sugiere una importante pregunta: Si el ejercicio fiel de la paternidad produce una nación próspera y poderosa, ¿Qué le pasará a una nación cuyos padres fracasan en su principales obligaciones? En Deuteronomio 28 Moisés nos provee un cuadro vívido de lo que podemos esperar.

Este capítulo de Deuteronomio se divide naturalmente en dos apartados. En los primeros catorce versículos, Moisés hace una lista de todas las bendiciones que vendrán al pueblo de Dios si le obedecieren. En los restantes 54 versículos, Moisés enumera las maldiciones que les sobrevendrán si le desobedecen.

Un versículo en este último apartado describe una de las maldiciones que sobrevendrán a una nación cuyos padres fracasan en sus obligaciones hacia sus familias:

Hijos e hijas engendrarás, y no serán para ti, porque irán en cautiverio. *Deuteronomio 28:41*

Las palabras hebreas aquí indican que Moisés estaba hablando a los hombres. La palabra *engendrar* se refiere principalmente a la parte del padre en la procreación de los hijos, así que este versículo está dirigido primeramente (pero no exclusivamente) a los padres.

Un día, con un susto, me di cuenta de que el no estar disfrutando de nuestros hijos es una maldición. Empecé a preguntarme: *¿Cuántos padres hoy en día realmente disfrutan de sus hijos?* No muchos, concluí. ¿Cuál es la razón? Creo que es una maldición por la desobediencia. Dios hizo que los hijos fueran la bendición más grande que podría dar a los hombres y mujeres. Cuando los padres y las madres (pero especialmente los padres) no caminan en el camino del Señor, entonces sus hijos e hijas ya no son una bendición, sino una maldición.

Moisés advirtió que los hijos "ir[ian] en cautiverio" (versículo 41). Desde 1960, nosotros en el mundo occidental hemos visto a millones de niños y niñas ir en cautividad satánica: a las drogas, al sexo ilícito, al ocultismo y a varios tipos de sectas. Los que están esclavizados por estas cosas están en cautividad, tan ciertamente como si un ejército extranjero hubiera entrado en el país y les hubiese llevado como prisioneros.

¿Por qué millones de niños han entrado en cautividad? Vcmos la respuesta en Deuteronomio 28: el rechazo persistente de las exigencias rectas de Dios, especialmente en el hogar y en la familia.

Como he destacado en el capítulo 9, los verbos y pronombres hebreos usan formas distintas para el masculino y el femenino. En Deuteronomio 28 todos los verbos aparecen en la forma masculina. Dios pone la responsabilidad principal, en otras palabras, sobre los hombres. Esto no quiere decir que las mujeres no llevan su parte de responsabilidad; ciertamente que sí, pero es el fracaso del liderazgo masculino el que abre el camino para todos los males que siguen.

Y es el patrón de los males en el Jardín del Edén el que se ha repetido incontables veces en la subsiguiente historia de la humanidad. Adán fue delincuente en su responsabilidad de guardar el Jardín, lo que abrió el camino para que Satanás tentara y sedujera a Eva. La delincuencia de los hombres ha abierto de la misma manera el camino a la avalancha de males que se ha apoderado de la civilización occidental.

En Malaquías 2:7 el profeta destaca una responsabilidad principal que el padre, como sacerdote, tiene hacia su familia:

Porque los labios del sacerdote han de guardar la sabiduría, y de su boca el pueblo buscará la ley; porque mensajero es de Jehová de los ejércitos.

El sacerdote es responsable de conocer la ley del Señor y de interpretarla al pueblo del Señor. Esto también se aplica al padre como sacerdote. Sus hijos y familia deberían buscar la palabra del Señor de su boca.

¿Qué pasa si los sacerdotes fracasan en su función? Dios declara:

Mi pueblo fue destruido, porque le faltó conocimiento. Por cuando desechaste el conocimiento, yo te echaré del sacerdocio; y porque olvidaste la ley de tu Dios, también yo me olvidaré de tus hijos. Oseas 4:6

¡Qué palabra poderosa! Dios les está diciendo a los israelitas: "Yo esperaba que fuerais sacerdotes, pero habéis rechazado el conocimiento que necesitabais". No fue el conocimiento secular el que rechazaron, sino el conocimiento del camino y de la palabra del Señor. Como resultado Dios ya no los acepta como sacerdotes (e incluso promete olvidarse de sus hijos).

Como sacerdote de su familia, cada padre tiene el privilegio de hacer lo que hizo Job: levantar a sus hijos constantemente delante de Dios en oración. Esto les mantiene bajo la continua supervisión y protección del Todopoderoso. Pero cuando un padre deja de cumplir su ministerio profético como sacerdote, Dios dice: *"me olvidaré de tus hijos"*. La Nueva Versión Internacional en inglés lo traduce de esta forma: "yo ignoraré a tus hijos" (énfasis añadido). Es decir, "Tus hijos ya no estarán bajo Mi cuidado especial y vigilante".

Esta advertencia solemne de Dios ha llegado a cobrar vida para mí en los últimos tiempos. A veces, contemplando a las multitudes de jóvenes que pueblan las calles en una ciudad, me pregunto: *¿Cuántos de estos están olvidados por Dios – ignorados por Dios – porque no tienen padres que interceden por ellos?*

Esta terrible situación exige un ejército de intercesores comprometidos que estarán en la brecha a favor de esas familias. Pero la oración intercesora de un padre a favor de su familia es única. Nadie más puede reemplazar al padre plenamente. Sus privilegios exclusivos llevan consigo responsabilidades exclusivas.

El Diagnóstico de Malaquías

Cronológicamente Malaquías es el último libro del Testamento. Además, la última palabra de este último libro es maldición. Si Dios no tenía nada más que decirle a la humanidad después del Antiguo Testamento, Su última palabra hubiera sido una maldición. ¡Gracias a Dios por el Nuevo Testamento, el cual nos muestra el camino de salida de la maldición!

Esto es lo que dice Dios en los dos últimos versículos del Antiguo

Testamento:

> *He aquí, yo os envío el profeta Elías, antes que venga el día de Jehová, grande y temible. Él hará volver el corazón de los padres hacia los hijos, y de los hijos hacia los padres, no sea que yo venga y hiera la tierra con maldición.*
>
> Malaquías *4:5-6*

Hace bastante más de dos mil años, Dios reveló a Malaquías a través de la previsión profética el problema más grande y más urgente de nuestros días: padres delincuentes e hijos sin protección.

Los economistas y legisladores sociales nos ofrecen todo tipo de diagnósticos y soluciones. No obstante, la verdadera raíz del problema está en la familia. Los padres y las madres han renegado de las responsabilidades hacia sus hijos. Con frecuencia ambos padres son culpables, pero la primera responsabilidad recae sobre los padres.

Debemos reconocer que al movimiento de liberación de la mujer de alguna forma le ha salido el tiro por la culata. Aparte de ir de cabeza hacia la paga igual y el trabajo igual, las mujeres han sido liberadas del compromiso de honrar y obedecer a sus maridos. El esposo, a su vez, ha sido liberado de su compromiso de ser fiel a una sola mujer. Así que, el hombre se cansa de su mujer y se va de casa. Después de eso, no tiene ninguna otra obligación, mientras que a la mujer se la deja luchando para criar sola a uno o más hijos. En la mayoría de los casos ella se encuentra en una situación peor que la anterior.

Tengo en mi corazón una profunda preocupación por las madres solteras. En muchos casos, me parece a mí, la Iglesia contemporánea no está haciendo lo que debería por las madres solteras y sus hijos.

En Santiago 1:27, la Biblia nos ofrece una definición de lo que Dios considera la verdadera religión:

> *La religión pura y sin mácula delante de Dios el Padre es esta: Visitar a los huérfanos y a las viudas en sus tribulaciones, y guardarse sin mancha del mundo.*

Algunas veces me pregunto: ¿Qué acontecería si toda familia cristiana que toma a la Biblia en serio aceptara la responsabilidad por sólo una criatura que es de hecho, no de nombre, un huérfano? Esto incluiría toda criatura sin el debido cuidado o provisión de los padres. Ciertamente esto requeriría el sacrificio de un cierto grado de comodidad y conveniencia. A lo mejor habría también algún sacrificio financiero. Pero si esto se hiciera en un espíritu de amor cristiano, aliviaría una medida de sufrimiento tan grande que la mayoría de nosotros intentamos no pensar en ello.

Infelizmente nuestro rechazo a pensar en ello no hace que la necesidad sea menos real o menos urgente. Casi en contra de mi voluntad me acuerdo de las palabras de Jesús en Mateo 25, habladas a las naciones "*cabrito*": *"... en cuanto no lo hicisteis..."* (versículo 45). Como cristianos del mundo occidental, seremos juzgados, no tanto por lo que hayamos hecho, sino por lo que no hayamos hecho.

El mensaje de Malaquías era dirigido a personas extremamente celosas en sus prácticas religiosas, pero que protestaban porque el Señor no contestaba a sus oraciones como esperaban. En respuesta el Señor puso de relieve sus fracasos como esposos y padres:

> *Y esta otra vez haréis cubrir el altar de Jehová con lágrimas, de llanto, y de clamor; así que no miraré más a la ofrenda, para aceptarla con gusto de vuestra mano. Mas diréis: ¿Por*

qué? Porque Jehová ha atestiguado entre ti y la mujer de tu juventud, contra la cual has sido desleal, siendo ella tu compañera, y la mujer de tu pacto. Malaquías 2:13-14

Dios miró por detrás de toda su religiosidad externa y vio promesas matrimoniales rotas y maridos abusando de sus esposas. En el lenguaje contemporáneo el mensaje de Malaquías podría resumirse de esta manera: "Nada que hagas en la iglesia puede compensar lo que no haces en casa."

Dios siguió adelante y explicó un propósito principal de un matrimonio monógamo tal y como lo ordenó originalmente: *"¿No hizo él uno, habiendo en él abundancia en espíritu? ¿Y por qué uno?* **Porque buscaba una descendencia para Dios.***"* (Malaquías 2:15, énfasis añadido).

Cuando esposo y esposa viven juntos en armonía de acuerdo a los principios de las Escrituras, están cualificados para educar a hijos rectos y temerosos de Dios. Y cuando un matrimonio se rompe, son los hijos los que más sufren.

Dios siguió con una advertencia a todos los esposos: *"Guardaos, pues, en vuestro espíritu, y no seáis desleales para con la mujer de vuestra juventud"* (Malaquías 2:15). A esto siguió con una declaración que no se puede comprometer de Su actitud hacia el divorcio: *"Porque Jehová Dios de Israel ha dicho que él aborrece el repudio"* (versículo 16).

¿Cómo Responderás?

En cada oficina del gobierno en Gran Bretaña, donde los matrimonios pueden ser registrados, se muestra esta definición del matrimonio: "Según la ley de este país, el matrimonio es la unión de un hombre con una mujer de por vida, excluyendo a todos los demás". Durante el período en que el pueblo británico se ha apartado cada vez más de este modelo, su país ha sufrido una acusada caída en casi todas las áreas de la vida nacional. ¡Pocas personas hoy en día se molestan en poner la palabra "Gran" antes de "Bretaña"! [9]

La Palabra de Dios confronta no sólo a Gran Bretaña sino a toda nuestra civilización occidental con tan sólo dos alternativas: Podemos restaurar las relaciones familiares y sobrevivir, o en cambio permitir que las relaciones familiares continúen deteriorándose, y que sigan por el camino que han ido en las últimas décadas. Si lo hacemos, pereceremos bajo la maldición de Dios.

El resultado final de esta crisis será decidido por la respuesta de los padres. Ellos son los que Dios hace responsables en primer lugar. En el mensaje de Dios a través de Malaquías, Él requiere primero que los corazones de los padres se vuelvan hacia los hijos. Sólo después de eso es que los corazones de los hijos se volverán hacia los padres.

Aquellos de nosotros que pertenecemos a las generaciones más antiguas podemos protestar sobre la Generación X o la Próxima Generación [10] o como quiera que la llamemos. Podemos destacar todos sus defectos y fracasos. Pero la crisis no empezó con ellos, sino fue nuestra generación la que les ha traicionado, que ha dejado de presentarles la verdad, que ha dejado de enseñarles la disciplina de Dios. Ahora Dios nos está juzgando a través de nuestros hijos.

Hay voces que claman que la Iglesia de hoy necesita tornarse relevante socialmente. En ningún área de la sociedad tiene la iglesia una oportunidad de llegar a ser socialmente importante como en el área de la vida familiar. Al hacerlo, estaremos respondiendo a la crisis más urgente de nuestro tiempo.

La Iglesia de hoy necesita presentar un mensaje claro, representando la familia cristiana como Dios ha querido que fuera; un mensaje que define los papeles de los esposos, de las esposas y de los hijos. Pero debe ser un mensaje fiel a los grandes e inalterables principios establecidos en las Escrituras, desde Génesis y en adelante. Es necesario que no haya ningún compromiso con las fuerzas humanísticas que se han infiltrado en la Iglesia en las últimas tres o cuatro generaciones.

En el Sermón del Monte Jesús advirtió a Sus discípulos que su compromiso de seguirle a él concentraría la atención de las personas en ellos: *"Vosotros sois la luz del mundo; una ciudad asentada sobre un monte no se puede esconder"* (Mateo 5:14). Luego continuó: *"Así alumbre vuestra luz delante de los hombres, para que vean vuestras buenas obras, y glorifiquen a vuestro Padre que está en los cielos"* (versículo 16).

Jesús estaba explicando a Sus discípulos no sólo lo que esperaba que fuesen una fuente de luz en un mundo oscurecido, sino que también les estaba diciendo exactamente cómo su luz debería brillar: a través de sus buenas obras, hechas visibles a todos.

En los capítulos precedentes hemos visto que Dios pretende que la familia cristiana sea una fuente de luz en un mundo oscurecido, de dos maneras. Primero, los esposos y las esposas, por la manera en que se relacionan entre sí, deben representar el amor de Dios como Padre a Su pueblo creyente. La Biblia también revela una buena obra principal que Dios espera de Su pueblo: cuidar de los huérfanos y de las viudas. Este requerimiento se declara en muchos lugares en el Antiguo Testamento y se vuelve a subrayar en el Nuevo.

Todo Resumido en Una Palabra

Las exigencias de Dios pueden resumirse todas en una única palabra de significado inconmensurable: *amor*. Este amor se manifiesta en tres principales dimensiones:

1. ***El amor íntimo entre un esposo y su esposa***
2. ***El amor protector de los padres por sus hijos***
3. ***El amor de los creyentes que llega y quiere alcanzar a los demás, hacia los que no tienen a nadie más que los ame: los huérfanos y las viudas.***

Si la Iglesia occidental contemporánea es una "*ciudad asentada sobre un monte [que] no se puede esconder*", entonces necesito preguntar: ¿Cómo le parece la Iglesia al mundo no cristiano en todo lugar? En particular, ¿Ve el mundo a la Iglesia cumpliendo con su responsabilidad de demostrar el amor divino entre Cristo y Su Iglesia y el amor Paternal de Dios por Su familia? También debemos preguntar: ¿Ve el mundo a la Iglesia dando un ejemplo por la manera cómo cuida de los huérfanos y de las viudas?

Estas son preguntas que exigen una contestación. No podemos encogernos de hombros e ignorarlas. Es probable que cada persona tenga que dar su propia respuesta.

Mi contestación está basada en una experiencia en muchas naciones. He tenido la ciudadanía tanto en Gran Bretaña como en los Estados Unidos. He ministrado en más de cincuenta naciones, incluyendo a todas las naciones europeas, con la excepción de Finlandia y Bulgaria, y en todos los principales países de habla inglesa. Mi conclusión franca y personal es que la Iglesia contemporánea es delincuente. Gracias a Dios que hay algunas maravillosas excepciones, pero en su mayoría la Iglesia no ha demostrado el amor de Dios, ni en sus relaciones familiares básicas, ni en su cuidado de los huérfanos y de las viudas.

Varias organizaciones cristianas buscan confrontar el fracaso contemporáneo del liderazgo masculino y la resultante ruptura de la familia (organizaciones como Enfoque a la Familia -*Focus on the Family*), bajo el liderazgo del Dr. James Dobson, y más recientemente, los Cumplidores de la Promesa (*Promise Keepers*). Necesitamos preguntarnos a nosotros mismos por qué estos y otros grupos paraeclesiales se han multiplicado en la segunda mitad del siglo veinte. La respuesta en la mayoría de los casos es que están intentando llevar a cabo tareas que Jesús comisionó originalmente a la Iglesia.

Mientras podamos admirar y dar soporte a esos grupos paraeclesiales, no creo que esta transferencia de responsabilidad sea en última instancia aceptada por Jesús, la Cabeza de la Iglesia. Él aún requiere de la Iglesia el que reconozca sus responsabilidades y espera que las cumpla. Obviamente esto exigirá una gran revolución en la Iglesia tal y como funciona en el presente. Si esto falla, creo que Jesús pondrá a un lado a la Iglesia contemporánea y levantará en su lugar una Iglesia que sea adecuada para llegar a ser Su esposa.

Se habla y ora mucho en estos días con el enfoque sobre el tema del avivamiento. Una señal del verdadero avivamiento será que la Iglesia como un todo reconozca y acepte su responsabilidad de llevar a cabo las tareas que con frecuencia se dejan, en el presente, a las organizaciones paraeclesiales.

Una cosa es cierta: Jesús no va a volver por la paraiglesia, sino por una novia que *"se ha preparado"* y que está ataviada de *"lino fino, limpio y resplandeciente... las acciones justas de los santos"* (Apocalipsis 19:7-8). Cristianos declarados que no realizan las "acciones justas" que le fueron asignadas no tendrán ningún material para atavío de novia y por lo tanto no tendrán el derecho de asistir a la boda.

A medida que investigo a la Iglesia en el mundo occidental, recuerdo una y otra vez las palabras con las que Jesús despachó a las naciones "cabrito" a la eternidad perdida: *"... en cuanto no lo hicisteis... "*. Necesitamos recordar que fueron maldecidos no por lo que hicieron, sino por lo que no hicieron.

13

¿A Lo Mejor Has Fallado?

Ahora que has leído hasta aquí, es hora de hacer una pausa y reflexionar. Es posible que te hayas visto cara a cara con el cuadro bíblico de lo que Dios espera que un padre sea y haga... ¡y estás horrorizado!

No reacciones demasiado rápido. Toma tu tiempo para pensar – y orar – acerca de este tema. Pídele a Dios que haga el cuadro más claro para ti. A lo mejor el leer los cinco capítulos anteriores enteros una vez más te ayudará.

Y recuerda la definición de Pablo del pecado en Romanos 3:23: *"Por cuanto todos pecaron, y están destituidos de la gloria de Dios"*. El pecado no es necesariamente el hacer algo malo. En esencia es el actuar y el vivir de tal manera que Dios no reciba de nuestras vidas la gloria que le corresponde. Recuerda, también, que los hombres con frecuencia son culpables de pecados de omisión – pecar por lo que hemos dejado de hacer.

Hay momentos en nuestras vidas en los que necesitamos juzgarnos a nosotros mismos. Si lo hacemos, podemos clamar por la misericordia prometida en 1 Corintios 11:31: *"Si, pues, examinásemos a nosotros mismos, no seríamos juzgados"*.

Considera los tres principales ministerios de un padre delante de su familia: sacerdote, profeta y rey. Examina tu desempeño en cada una de estas tres áreas y hazte a ti mismo algunas preguntas relevantes:

Como sacerdote de mi familia, ¿soy fiel en la intercesión regular y diaria por ellos? ¿Con qué frecuencia agradezco a Dios por ellos?

Como profeta, ¿Cómo de bien he representado a Dios para mi familia? ¿Les he dado un cuadro del Padre amoroso en el cielo? ¿O debo reconocer que el cuadro que les he dado de nuestro Dios Padre es en realidad una caricatura nada atractiva?

Como rey, ¿He gobernado a mis hijos con una disciplina que combina el amor y la firmeza y que les prepara para asumir su lugar en la sociedad como ciudadanos responsables? ¿He puesto los límites para mis hijos que les protegen de las fuerzas malignas que actúan en el mundo hoy?

¿Cuál es tu respuesta a estas preguntas? ¿Reconoces que en realidad has "pecado y [estás] destituido de la gloria de Dios"? Esto no es un motivo para estar desanimado o para desistir. Dios nos convence de nuestros pecados, no con el fin de condenarnos, sino para dirigirnos hacia el remedio que Él ha provisto para nosotros a través del sacrificio de Jesucristo en la cruz.

Dos Pasos Sencillos

El requisito sencillo de Dios está declarado en 1 Juan 1:9: *"Si confesamos nuestros pecados, él es fiel y justo para perdonar nuestros pecados, y limpiarnos de toda maldad"*. Cuando sinceramente reconocemos y confesamos a Dios nuestros pecados, Él no sólo nos perdona, sino que también nos limpia de todo sentimiento de culpa y fracaso, y nos restaura, dándonos una conciencia pura.

Para completar la cura, hay un paso más que necesitamos dar. Nuestras relaciones personales son como los dos postes de la cruz: uno vertical, el otro horizontal. El poste vertical representa nuestra relación con Dios; el poste horizontal representa nuestra relación con nuestro prójimo. A la hora de poner las cosas en su sitio, el primer paso es cuidar nuestra relación con Dios, confesando nuestros pecados a Él y recibiendo Su perdón. El segundo paso es poner las cosas en su sitio con nuestro prójimo, confesando nuestros pecados a ellos.

Esta exigencia está declarada en Santiago 5:16: *"Confesaos vuestras ofensas unos a otros, y orad unos por otros, para que seáis sanados. La oración eficaz del justo puede mucho"*. Demasiado poco se habla en la Iglesia contemporánea acerca de la necesidad de confesar nuestros pecados unos a otros. Consecuentemente, la atmósfera en muchos grupos cristianos está envenenada por pecados que no han sido confesados y por actitudes de resentimiento y amargura que nunca han sido resueltas. Esto inhibe la obra del Espíritu Santo.

John Wesley registró en su revista que una de las sociedades más exitosas de las sociedades metodistas creció a partir de un grupo de diez personas que acordaron encontrarse semanalmente para confesar sus pecados los unos a los otros.

En 1 Juan 1:17 el apóstol declara el requisito primordial para la continuada pureza espiritual: *"Pero si andamos en luz, como él está en luz, tenemos comunión unos con otros, y la sangre de Jesucristo su Hijo nos limpia de todo pecado"*. "Andar en la luz" implica ser honestos y abiertos unos con otros. Todos los verbos en este versículo están en el presente continuo: "si continuamente andamos... continuamente tenemos comunión... la sangre de Cristo continuamente limpia...". En otras palabras, Juan está presentando un estilo de vida continuo.

Este requerimiento se aplica a todos los cristianos que viven en comunión, pero primero y más importante a la familia cristiana. Esto a su vez pone una responsabilidad especial sobre el padre en cada familia.

Un Padre que Ha Confesado

Supongamos que hayas dado el primer paso y confesado tus pecados a Dios. Ahora necesitas dar el segundo paso y confesar tus pecados a los miembros de tu familia – primero a tu esposa y luego a tus hijos.

Es bastante probable que ya estés al tanto de algunos de los pecados que tienes que confesar, pero hasta ahora los has estado barriendo debajo de la alfombra. Déjame decirte francamente que ¡no hay ninguna alfombra que jamás haya sido hecha que cubrirá esos pecados!

Mientras trabajaba en este capítulo en mi manuscrito, recibí una carta inesperada de un matrimonio cristiano que conozco hace varios años. Les llamaremos David y Rosemary.

Algunos meses antes David había decidido hacer un tipo especial de ayuno (abstenerse no en primera instancia de comida, sino de otras distracciones que se amontonan sobre nosotros y nos hacen insensibles a la voz del Espíritu). Su lista incluía la televisión, el cine y variados tipos de música grabada.

En su carta, Rosemary compartió algo de lo que el ayuno había sacado a la luz en sus vidas. A continuación transcribo algunos extractos de lo que ella dijo:

'Ahora mismo parece que lo que Dios empezó antes (y sigue haciendo) es mostrarnos cuánta suciedad y mugre ha existido en nuestros corazones. Estoy segura de que si Él decidiera mostrarme todo mi pecado de una sola vez, yo moriría en el acto. Pero a Su manera afable y misericordiosa Él nos enseña, poco a poco, lo que es desagradable para Él. Y

ha existido tanto. Me siento como si hubiese estado confesando mis pecados durante meses sin fin... y David también.

Al principio mismo del ayuno, el Señor le enseñó muy claramente a David que todo el ayuno no serviría de nada si él tuviera pecados no confesados en su vida, así que lo confesó al Señor y se arrepintió. Entonces el Señor dijo: "¡Ahora díselo a tu mujer!", y con mucho dolor, humillación y tristeza, dejó salir pecados que nunca había conocido o sospechado. Dios claramente nos llevó a este punto y nos sostuvo de una manera maravillosa con las Escrituras y palabras tranquilizadoras.

La confesión de David era un verdadero llamado a despertar para los dos, y para nuestros amigos íntimos con quienes hemos compartido algo de esto. Dios usó esta situación para mostrarnos la facilidad con que la mentalidad del mundo colorea nuestra perspectiva; con qué facilidad dejamos que el pecado se escurra y entre en nuestras vidas hasta que haya tomado el control; y cuánto confiamos en nosotros mismos en vez de en Dios. Una y otra vez Dios nos ha mostrado cosas que se habían vuelto ídolos. David se libró de casi toda su extensa colección de música. Esto era algo que yo nunca hubiese podido persuadirle que hiciera por mí misma, así que *supe* que era Dios.

En tres palabras describiría lo que ha tenido lugar en nosotros: dolor, purificación, avivamiento. Ahora entiendo lo que el avivamiento es en realidad. No pasa en un edificio o a una gran cantidad de personas de una vez, sino en un corazón entregado a Su glorioso amor, y respondiendo a Su llamado y corrección. He

estado asombrada, y agradecida, por lo gentil que es Dios al tratar conmigo. Su corrección es misericordiosa y restauradora.

Hay algunas cosas maravillosas que han venido desde los comienzos de esto. Hace algunos meses Dios pidió a un grupo de hombres que compartieran juntos el desayuno cada dos Lunes. El objetivo era orar unos por otros y simplemente compartir sus vidas. De ese grupo de hombres, desde que David les contó lo que había sucedido en nosotros, casi todos ellos han ido a sus esposas y confesado algún aspecto de pecado escondido. ¡Dios está llevando a cabo esta purificación en todos ellos!

Ahora las esposas de ese grupo hemos empezado a reunirnos para orar por nuestros maridos. Ha sido el derramamiento más hermoso y natural del Espíritu Santo que jamás he experimentado. Con *natural* quiero decir esto: Ninguno de nosotros va a la misma iglesia. Este derramamiento no está teniendo lugar en un edificio, sino simplemente es el Cuerpo de Cristo ministrando los unos a los otros. ¡Ha sido asombroso! Y porque no vamos todos a la misma iglesia, estamos compartiendo lo que está pasando con los que están en esas iglesias, ¡y parece que se está esparciendo!

Lo que está teniendo lugar en esta familia tiene que acontecer en millones de familias donde hay pecado no confesado en la vida del padre. Muchos cristianos son conscientes de pecados que no han confesado, pero adoptan la actitud de "si ignoro esta cosa lo suficiente, se irá". ¡Esto es un engaño! Sólo hay una manera de tratar con el pecado de manera eficaz: el arrepentimiento de corazón seguido de la confesión. *"El que encubre sus pecados no prosperará; mas el que los confiesa y se aparta alcanzará misericordia"* (Proverbios 28:13).

Esto trae a la luz la verdadera barrera a la hora de tratar con el pecado: el orgullo. Si confieso esos pecados, decimos a nosotros mismos, *seré humillado.* ¡No, eso es otro engaño! Si confiesas tus pecados, llegarás a ser *humilde.* Si rehusas humillarte, al final serás *humillado.*

Dios nunca ofrece hacernos humildes. Invariablemente Su mensaje es: "Humillaos" (véase, por ejemplo, 1 Pedro 5:6). Eso es algo que sólo tú puedes hacer. Nadie más puede hacerte humilde, ¡ni siquiera Dios! Si te resistes a actuar con humildad, tarde o temprano el tiempo vendrá cuando serás humillado.

Si eres confrontado con la elección: O te humillas a ti mismo y confías en Dios para su misericordia y gracia, o rehusas humillarte y, a su tiempo, serás humillado por las circunstancias fuera de tu control.

A Quién Confesar

Podrás preguntar: ¿A quién necesito hacer mi confesión? Alguien ha dado la siguiente contestación: *La confesión debe ser tan amplia cuanto la transgresión.* Haz tu confesión, por tanto, a todos los que han sido perjudicados por tu pecado.

Todo pecado, en primer lugar y principalmente, es contra Dios. Aunque el Rey David perjudicó a dos personas a causa de su pecado (Betsabé, a quien había seducido a cometer adulterio, y Urías, su marido, cuyo asesinato había planeado), dijo a Dios: *"Contra ti, contra ti solo he pecado, y he hecho lo malo delante de tus ojos"* (Salmos 51:4). En la luz buscadora del Espíritu Santo, David se dio cuenta de que su pecado era, en primera instancia, una afrenta contra un Dios santo y temible.

Acuérdate, al hacer tu confesión a Dios, que no le estás diciendo nada acerca de ti mismo que Él ya no sepa. El propósito de la confesión no es informarle, sino sacar a la luz el pecado, donde el mismo puede ser tratado. Dios no perdona los pecados en la oscuridad. Si deseamos su perdón, debemos exponer nuestros pecados a la asombrosa luz de Su rostro.

Si todavía estás dudando sobre hacer tu confesión, déjame recordarte la sencilla exigencia de Dios: *"Si confesamos nuestros pecados, él es fiel y justo para perdonar nuestros pecados, y limpiarnos de toda maldad"* (1 Juan 1:9). Esta palabra de ánimo es también una palabra de advertencia. Si haces tu confesión, Dios se ha comprometido a perdonarte, pero Él nunca se ha comprometido a perdonar pecados que no estamos dispuestos a confesar.

Nota también que cuando Dios perdona, Él nos limpia de toda la maldad[11] relacionada con el pecado. Si has sido perdonado, también has sido limpiado de la maldad. Si tu corazón no ha sido limpiado, esto probablemente indique que no has sido perdonado aún; a lo mejor no te has arrepentido de verdad.

En la mayoría de los casos los pecados que confesamos afectan a otras personas. En casos así estamos obligados, siempre que sea posible, a hacer nuestra confesión a cualquier y a toda persona que ha sido afectada por nuestro pecado.

Si el padre de una familia peca, su pecado probablemente afecte a toda su familia, de una u otra forma. La primera persona a quien normalmente debería hacer su confesión es su esposa. Si sus hijos son todavía pequeños e inmaduros, debe ser cuidadoso para no hablar sobre su pecado de manera que heriría a sus tiernas consciencias.

Antes de hacer su confesión, el padre debe pedir a Dios fervientemente que vaya delante de él y prepare a su familia.

También debe pedir a Dios que le guíe sobre el momento y la manera de hacer su confesión.

Si eres sincero y abierto al Espíritu Santo, Él te mostrará los pecados concretos que necesitas confesar. Algunos pecados que comúnmente se manifiestan en los padres son la falta de paciencia, la irritabilidad y la ira descontrolada. Los padres, como todos los hombres, también con frecuencia son tentados a algún tipo de impureza sexual, bien sea en actos o en la imaginación. Un pecado que esclaviza a multitudes de hombres hoy en día es la pornografía.

La Biblia nunca habla de un pecado "pequeño". En 1 Juan 5:17 el apóstol nos recuerda que *"toda injusticia es pecado"*. No existe ningún campo intermedio entre la rectitud y el pecado. Cualquier cosa que no sea recta es pecado.

Por el otro lado, la Biblia sí clasifica a algunos pecados como "grandes". José, por ejemplo, al ser tentado a cometer adulterio con la esposa de Potifar, exclamó: *"¿Cómo... haría yo este **grande** mal, y pecaría contra Dios?"* (Génesis 39:9, énfasis añadido). Como David, José reconoció que estaría pecando en primer lugar y principalmente contra Dios.

Fuera de La Zona Gris

Multitudes de cristianos viven actualmente en lo que llamo una "zona gris espiritual". No están caminando en la clara luz del sol del favor de Dios en una vida de obediencia sin reservas a Dios, ni tampoco están andando en la oscuridad de la noche del pecado abierto.

Pero el Evangelio no deja lugar a la neutralidad espiritual. Si te propones ser el tipo de padre que Dios está buscando, debes estar dispuesto a abrir todo tu corazón y toda tu vida a Él. A medida que le permitas exponer todo tu pecado y hacer Su obra de purga en ti, te moverás de la zona gris a la clara luz del sol del favor de Dios. Allí empezarás a comprender todo lo que significa ser un padre.

14

¡Pero Puedes Triunfar!

Tras haber leído los capítulos anteriores has llegado a estar cara a cara con áreas de fracaso en tu vida. Has reconocido que no has sido el tipo de padre que Dios está buscando (y que tu familia necesita desesperadamente).

Es hora de que tomes una decisión. Da la espalda a tus fracasos y entrégate a Dios para el ministerio de un padre. Si estás listo para hacerlo, aquí tienes cuatro pasos que tienes que dar.

1. Asume Tu Lugar como Cabeza de Tu Familia

Esto requiere una decisión y un compromiso. Puedes orar algo así: "Señor, reconozco que me has dado la responsabilidad de ser la cabeza de mi familia. Por una decisión de mi voluntad, ahora acepto mi lugar y la responsabilidad que lo acompaña. Me entrego a Ti para esta tarea".

Una vez que hayas hecho este compromiso, Dios empezará a revestirte con la autoridad que un padre necesita para ser la cabeza de la familia. Este es el funcionamiento de un principio que corre por toda la Biblia: Dios nunca da responsabilidad sin autoridad, y nunca da autoridad sin responsabilidad.

Hubo un momento en el ministerio de Jesús en el que un centurión romano envió mensajeros para pedirle que fuese y sanara a su siervo, quien estaba a las puertas de la muerte. En respuesta Jesús se fue con los mensajeros a la casa del centurión. Pero antes de llegar allá, el centurión envió a sus amigos a Él para decirle:

> *"Señor, no te molestes, porque no soy digno de que entres bajo mi techo; por lo que ni aun me tuve por digno de venir a ti; pero di la palabra, y mi siervo será sano. Porque también yo soy hombre puesto bajo autoridad, y tengo soldados bajo mis órdenes; y le digo a éste: Ve, y va; y al otro: Ven, y viene; y a mi siervo: Haz esto, y lo hace."*
>
> *Lucas 7:6-8*

Este centurión romano reconoció que la autoridad de Jesús en el reino espiritual era análoga a su propia autoridad en el reino militar. Resumió en una breve frase el requerimiento esencial para tener autoridad en cualquier reino: estar *bajo autoridad*. La autoridad siempre se transmite hacia abajo, desde una fuente más alta.

Al cierre del ministerio terrenal de Jesús, Él dijo a Sus discípulos: *"Toda potestad me es dada en el cielo y en la tierra" (*Mateo 28:18). Toda verdadera autoridad en todo el universo, por tanto, desciende de Dios el Padre a través de Jesucristo el Hijo.

En 1 Corintios 11:3 Pablo describe cómo esta cadena de autoridad desciende hacia dentro de la familia en la tierra: *Pero quiero que sepáis que Cristo es la cabeza de todo varón, y el varón es la cabeza de la mujer, y Dios es la cabeza de Cristo.* Esto se puede representar como a continuación:

Dios el Padre

Cristo

El hombre (esposo)

La mujer (esposa)

Tu autoridad como esposo y padre, por lo tanto, depende de que estés en sumisión a Jesús. Si estás verdaderamente sometido a Él como tu Cabeza, toda autoridad del cielo fluirá a través de ti en tu familia, y funcionará con eficacia como su cabeza. Si no estás en sujeción a Jesús, por otro lado, puedes hacer una gran cantidad de esfuerzo humano (puedes gritar y dar patadas en el suelo; puedes enfadarte y ponerte incluso violento), pero te faltará una cosa: la autoridad genuina dada por Dios que por sí sola puede hacer de ti una cabeza eficaz de tu familia.

2. Confía en Dios para La Gracia que Necesitas

El ser un padre es un llamado de Dios tan sagrado como el ser un evangelista o un pastor. Si Dios te hubiera llamado a cualquiera de esos ministerios, no dependerías solamente de tu propia habilidad, sino que le buscarías a Él para conseguir la gracia que necesitarías para tener éxito. De la misma manera, por lo tanto, confía en Dios para la gracia que necesitas para ser un padre exitoso.

Aquí están algunas palabras de Hebreos 4:16 para animarte:

Acerquémonos, pues, confiadamente al trono de la gracia, para alcanzar misericordia y hallar gracia para el oportuno socorro.

Reconoce que a través de Jesús tienes acceso directo al trono de Dios, quien gobierna todo el universo y tiene a toda situación y persona bajo Su control. Nota, también, que se trata de un trono de *gracia*, desde el cual es liberado el generoso, inmerecido favor de Dios a todos los que vienen a través del sacrificio de Jesús en la cruz. Estás invitado a venir con resolución, no hesitando o dudando. No eres un suplicante pesado, sino un hijo de Dios tu Padre, a quien Él da la bienvenida a Su presencia todo el tiempo.

Cuando te acerques sobre esta base, Dios te ofrece dos cosas: misericordia y gracia. Ninguna de las dos se puede ganar con esfuerzo, sino que deben recibirse como regalos generosos de Dios.

Misericordia por El Pasado

La misericordia se encarga del pasado. Ella cubre todas las equivocaciones y todos los fracasos que te hacen sentir descalificado. Una vez que hayas confesado y te hayas arrepentido de todos los pecados que hayas cometido, ya no serán mantenidos en contra de ti.

Tu memoria puede todavía ser atormentada por escenas del pasado que recuerdas con demasiada claridad (tiempos en los cuales actuaste, o reaccionaste, de manera indigna de un padre). Pero una vez que te hayas arrepentido y confesado esos pecados, el maravilloso mensaje del Evangelio es que *Dios ya no se acuerda de ellos*.

Esto está vívida y hermosamente expresado en Miqueas 7:18-19:

> *¿Qué Dios hay como tú, que perdona la iniquidad y pasa por alto la rebeldía del remanente de su heredad? No persistirá en su ira para siempre, porque se complace en misericordia. Volverá a compadecerse de nosotros; hollará nuestras iniquidades. Sí, arrojarás en las profundidades del mar todos sus pecados.* *Versión Biblia de Las Américas*

Cuando hayas cumplido las condiciones de Dios, Él arroja tus pecados para atrás de Sus espaldas al mar del olvido. Fue Corrie ten Boom quien añadió: "Y cuando Dios arroja nuestros pecados en el mar, Él pone una señal: *¡Prohibido pescar!*" Si el Dios Todopoderoso se ha olvidado de tus pecados, ¿por qué deberías intentar recordarlos?

Gracia para el Futuro

Una vez que ha sido tratado tu pasado, puedes mirar al futuro y buscar la gracia de Dios que necesitas para tener éxito en tu llamado como padre. La gracia, como la misericordia, no se puede ganar con esfuerzo; sólo se recibe por fe.

La gracia ha sido definida como "el favor generoso e inmerecido de Dios hacia los de poco mérito y los desmerecidos". A causa de tu relación con Dios a través de Jesucristo, Dios te mira con *favor*. Él tiene placer en ti y quiere lo mejor para ti. Él desea que tengas éxito en todas las circunstancias – en particular como padre.

El apóstol Pablo soportó tremendas pruebas y presiones. En cierto momento clamó a Dios por alivio, pero la respuesta de Dios fue: *"Bástate mi gracia"* (2 Corintios 12:9). ¡Será suficiente para ti también! Probablemente no tendrás que experimentar todo por lo que Pablo pasó, pero sea cual fuere tu situación y experiencia, El mensaje de Dios a Pablo es verdad aún hoy: "Bástate mi gracia".

La gracia nos lleva más allá de nuestras propias habilidades naturales. Cuando hemos agotado nuestros propios recursos, podemos buscar a Dios por Su gracia (su capacitación sobrenatural). La gracia empieza donde termina nuestra propia habilidad.

Esto se aplica a ti como padre. Habrá tiempos en los cuales no te sientas equiparado a tus responsabilidades. Es entonces cuando necesitarás echar mano de la gracia de Dios. Reconoce francamente a Él que has agotado tus propios recursos, y dile: "Señor, dependo de Ti para ser y hacer lo que de otra manera me es imposible".

Entonces descubrirás, como lo hizo Pablo, que cuando has llegado al final de tus recursos, acabas de empezar a descubrir lo que la gracia de Dios puede hacer. Entonces tú, como el apóstol, serás capaz de decir: *"Cuando soy débil, entonces soy fuerte"* (2 Corintios 12:10).

3. Estudia Tu Descripción del Puesto de Trabajo

Quizás necesites leer una vez más los capítulos 8, 9 y 10, que tratan con la responsabilidad de un padre como sacerdote, profeta y rey de su familia. Haz notas en las áreas de tu debilidad especial, y luego ora y pídele a Dios que te enseñe cómo puedes mejorar.

Pero recuerda, Dios está de tu lado. Se complace en tu decisión de aceptar tu responsabilidad como cabeza de tu familia. Recuerda, también, que cuando dependemos totalmente de Él, descubrimos que de Él uno puede depender completamente.

4. Dale a Tu Trabajo Todo el Tiempo que Necesita

Una de las medidas más seguras de nuestras verdaderas prioridades es la manera en que distribuimos nuestro tiempo. Ciertamente esa es una de las maneras en que nuestros hijos determinan cuánto realmente significamos para ellos. En la sociedad occidental contemporánea nos encontramos bajo presiones en constante crecimiento. Tendemos a medir nuestro éxito por lo rápido que podemos realizar ciertas tareas. Pero esa no es una manera exacta de medir el éxito en las relaciones personales (¡mucho menos en las relaciones con nuestros hijos!).

He leído un relato de un padre y una madre, ambos exitosos en sus carreras. Uno era abogado, el otro estaba en algún tipo de negocio. Su objetivo, como el de muchos padres hoy en día, era darles a sus dos o tres hijos una porción relativamente pequeña de su tiempo, pero asegurarse de que el tiempo que les daban era "tiempo de calidad". En otras palabras, se concentrarían intensamente en sus hijos durante ese "tiempo de calidad" que se les asignaba.

No pude tener una impresión clara de lo que iban a hacer exactamente con sus hijos durante ese "tiempo de calidad", pero mi reacción personal fue que si yo fuera una criatura, no estaría satisfecho con una cantidad racionada del así llamado tiempo de calidad. Lo que iba a querer (y lo que creo que todo hijo quiere) es sentir que mis padres estuviesen disponibles para mí, que están allí cuando los necesitara.

Algunos de nosotros que somos padres y madres – especialmente los padres – deberíamos preguntarnos cómo nos sentiríamos si Dios, nuestro Padre celestial, nos diera sólo una porción racionada de Su tiempo en el cual estaría disponible para nosotros. ¡Cuán agradecido estoy de saber que nuestro Padre celestial no es así! Él está siempre disponible, día y noche. Su promesa es: *"Y antes que clamen, responderé yo; mientras aún hablan, yo habré oído"* (Isaías 65:24).

Obviamente aquellos de nosotros que somos padres tenemos muchas limitaciones. Algunas de ellas son puramente físicas; otras son debidas a demandas de nuestro tiempo a las que no podemos ignorar. Lo que es decisivo en última instancia no es el número exacto de horas que somos capaces de pasar cada día con nuestros hijos, sino que ellos sientan que estamos disponibles para ellos, y que cuando hablan, realmente oímos lo que tienen que decir. ¿Podemos asegurarles, como Dios nos asegura, que "mientras hablan, yo habré oído"?

Hace muchos años, mientras Lydia y yo todavía teníamos a la mayoría de nuestras hijas en casa, estábamos sentados como familia alrededor de la mesa, cenando, compartiendo informalmente sobre las cosas de Dios. Una de mis hijas, de unos diez años, estaba sentada sobre mis rodillas. De pronto – sin que nadie orara por ella – ella recibió una visitación soberana y sobrenatural del Espíritu Santo y empezó a adorar al Señor en una nueva lengua que el Espíritu Santo le había dado.

Más tarde me pregunté a mí mismo: *¿Por qué fue en ese momento particular que ella se abrió al Espíritu Santo?* Concluí que fue porque en ese momento, mientras estaba sentada en mis rodillas, ella se sintió totalmente acepta y segura. Toda barrera al Espíritu Santo había sido derrumbada.

Como padres cada uno de nosotros necesitamos preguntarnos a nosotros mismos: *¿Es la atmósfera de mi hogar de aceptación y seguridad?* Hará falta más que unos breves momentos de "tiempo de calidad" para crear ese tipo de atmósfera en tu hogar. Y puede que requiera algún sacrificio de tu parte. Es posible que tengas que dejar – temporalmente, por lo menos – algún hobby o deporte apreciado. Pero cuando lo hagas, estarás comunicándote con tu hijo en una lengua sin palabras. Estarás diciendo: "¡Así de importante es que pienso que eres para mí!"

15

Paternidad Espiritual

He comentado en el capítulo 8 que un verdadero padre es la representación más perfecta de Dios que un hombre puede alcanzar, porque la paternidad es la revelación definitiva de Dios Mismo. Algunas personas pueden ofenderse con esto. "Pero yo no estoy casado", puede decir un hombre. O, "Estoy casado, pero no tengo hijos. ¿Quiere eso decir que nunca podré llegar a parecerme a Dios?"

¡Gracias a Dios que la respuesta es no! Es posible que nunca llegues a ser un padre de una manera natural y física, pero otra forma de paternidad permanece abierta para ti: la *paternidad espiritual*. Con esto quiero decir una forma de paternidad que sale de una relación espiritual, no física. Tampoco es esta, de ninguna manera, un tipo de paternidad de segunda clase. En realidad, algunos de los personajes más significativos de la Biblia ejemplificaron la paternidad espiritual.

El primero y más destacado ejemplo es Abraham. Él fue padre de hijos naturales, claro está, con Hagar, Sara y finalmente Cetura. Pero más allá de eso, las Escrituras exaltan a Abraham delante de nosotros como un modelo de paternidad espiritual.

En Romanos 4:13, Pablo nos dice: *"Porque no por la ley fue dada a Abraham o a su descendencia la promesa de que sería heredero del mundo, sino por la justicia de la fe"*. Continúa:

> *Por tanto, es por fe, para que sea por gracia, a fin de que la promesa sea firme para toda su descendencia; no solamente para la que es de la ley, sino también para la que es de la fe de Abraham, el cual es padre de todos nosotros (como está*

escrito: Te he puesto por padre de muchas gentes) delante de Dios, a quien creyó, el cual da vida a los muertos, y llama las cosas que no son, como si fuesen. Él creyó en esperanza contra esperanza, para llegar a ser padre de muchas gentes, conforme a lo que se le había dicho: Así será tu descendencia.

Versículos 16-18

En un sentido espiritual, por tanto, Abraham llegó a ser padre de muchas naciones. ¿Sobre qué base se le acreditó este honor? Sobre la base de la fe firme e inquebrantable expresada en la obediencia de todo el corazón. Esto encontró su expresión final en la respuesta de Abraham a la exigencia de Dios de que le ofreciera a su hijo Isaac como sacrificio.

De esta manera Abraham marcó un camino para que todos los creyentes subsiguientes siguieran. En Romanos 4:20 Pablo enfatizó la firmeza de la fe de Abraham: *"Tampoco dudó, por incredulidad, de la promesa de Dios, sino que se fortaleció en fe, dando gloria a Dios".*

El Modelo de Pablo

Pablo nos facilita otro ejemplo destacado de paternidad espiritual. En 1 Corintios 4:14-16, escribió a los cristianos de Corinto:

> *No escribo esto para avergonzaros, sino para amonestaros como a hijos míos amados. Porque aunque tengáis diez mil ayos en Cristo, no tendréis muchos padres; pues en Cristo Jesús yo os engendré por medio del evangelio. Por tanto, os ruego que me imitéis.*

En Corinto Pablo fue el padre de una multitud de hijos espirituales a través de la semilla del Evangelio, la cual sembró en sus corazones. Así, un siervo de Dios que predica la Palabra de Dios fielmente puede engendrar muchos hijos espirituales.

Hemos que tener en mente, con todo, el principio declarado por Dios al principio de la creación en Génesis 1:29:

Y dijo Dios: He aquí que os he dado toda planta que da semilla, que está sobre toda la tierra, y todo árbol en que hay fruto y que da semilla; os serán para comer.

Parte del relato del segundo viaje misionero de Pablo dado en Hechos 16:1-3 indica que cuando Pablo encontró a Timoteo por primera vez en la región de Derbe y Listra, Timoteo ya era un creyente con buenas referencias de los líderes de la iglesia local. Discerniendo el potencial espiritual en este joven, Pablo le invitó a juntarse con él en sus futuros viajes. A partir de entonces Timoteo se tornó el colaborador de más confianza en una relación que perduró hasta la muerte de Pablo.

En este caso Pablo llegó a ser un padre espiritual para Timoteo no por ganárselo para Cristo a través del Evangelio, sino por una relación personal en la cual Pablo recibió a Timoteo como un colaborador de confianza. De esta manera Timoteo no sólo recibió instrucción espiritual de Pablo, sino que le siguió a través de las distintas fases del ministerio continuo de Pablo. Él fue un testigo presencial de cómo Pablo realmente llevaba a cabo sus enseñanzas en el vivir diario bajo muchas formas diferentes de presión.

Cerca del final de su vida, Pablo escribió a Timoteo:

Pero tú has seguido mi doctrina, conducta, fe, longanimidad, amor, paciencia, persecuciones, padecimientos, como los que me sobrevinieron en Antioquía, en Iconio, en Listra; persecuciones que he sufrido, y de todas me ha librado el Señor. Y también todos los que quieren vivir piadosamente en Cristo Jesús padecerán persecución. 2 Timoteo 3:10-12

La instrucción que había recibido Timoteo de Pablo no era en la forma de charlas en un aula, sino en todos los altibajos de una vida llena de presiones. Timoteo no había meramente escuchado a Pablo predicar. Mucho más importante, había visto de primera mano cómo Pablo en realidad practicaba lo que predicaba. Fue de esa asociación íntima y personal que Pablo llegó a ser un padre espiritual para Timoteo.

Hubo un número de otros jóvenes con los cuales Pablo disfrutó de una relación como la que mantuvo con Timoteo, aunque a lo mejor no tan íntima. Entre ellos estaban Tito, Sopater de Berea, Aristarco y Segundo de Tesalónica, Gaio de Derbe, Tíquico y Trófimo de Asia.

Una de las cosas más necesarias en la Iglesia contemporánea es hombres que encajarán en el papel que Pablo desempeñó en la vida de Timoteo. Ya he señalado la necesidad apremiante en nuestra sociedad de hombres que sean verdaderamente padres. La necesidad no es menor en la Iglesia. Tenemos a hombres que pueden organizar, sermonear, administrar y desempeñar todo tipo de funciones religiosas. Pero, ¿cuántos se entregarán a sí mismos a los más jóvenes para compartir con ellos tanto los éxitos como las tristezas en las trancas y barrancas de la vida cristiana diaria? ¿Cuántos están dispuestos, si se hace necesario, a compartir sus momentos de debilidad y decepción?

En 1 Tesalonicenses Pablo introdujo lo que llamaríamos una "tercera generación" de paternidad espiritual. Pablo habló a favor de Silas y Timoteo, así como de sí mismo:

> *Así como también sabéis de qué modo, como el padre a sus hijos, exhortábamos y consolábamos a cada uno de vosotros, y os encargábamos que anduvieseis como es digno de Dios, que os llamó a su reino y gloria.* 1 Tesalonicenses 2:11-12

Timoteo estaba asociado aquí con Pablo y Silas en ocupar el

lugar en el papel de padre espiritual en relación con los cristianos de Tesalónica. Así, un hijo espiritual de Pablo ahora también aparecía como un padre espiritual para los tesalonicenses. Esto nos da un total de 3 generaciones espirituales: Pablo como un padre para Timoteo, quien era a su vez un padre para los tesalonicenses. Esto se puede representar como a continuación:

Pablo

Timoteo

Los tesalonicenses

Una Vida de Fe y Obediencia

En el capítulo 7 señalé que Jesús no reveló al Padre a Sus discípulos como un concepto teológico. Como dijo en Juan 17:6, Él "ha manifestado" el nombre del Padre a ellos por el modo cómo vivió Su vida delante de ellos. Fue una vida de comunión inquebrantable con el Padre, de dependencia momento a momento del Padre y de obediencia a toda prueba a la voluntad del Padre.

De la misma manera la paternidad espiritual no puede ser meramente una etiqueta o un concepto teológico. Se expresa por una vida vivida en fe y obediencia que llega a ser un modelo para que los demás sigan.

Un padre espiritual debe ser capaz de dar la misma orden que Jesús dio a Sus discípulos: "Seguidme". O, como Pablo les dijo a los cristianos en Corinto: *"Sed imitadores de mí, así como yo de Cristo"* (1 Corintios 11:1).

En el ejército israelí moderno ha sido establecida la siguiente regla. Un comandante no le dice a sus tropas: "¡Avancen!", sino que dice: "¡Seguidme!" Lo mismo se aplica al ejército del Señor.

Es en esta área del carácter que Dios sujeta a Sus siervos a las pruebas más rigurosas. Necesitamos preguntar, por tanto, cuáles son las exigencias de carácter en un hombre que desea ocupar el papel de un padre espiritual. Para una contestación podemos resumir brevemente las principales características de carácter de los hombres que hemos considerado como padres espirituales.

Abraham

Los aspectos del carácter de Abraham que se destacan, como he percibido, son la fe inquebrantable y su pronta y total obediencia a todo lo que exigía de él. Esto está hermosamente ilustrado cuando Dios le pidió que sacrificara a su hijo, Isaac.

Sin lugar a dudas Isaac era lo más preciado de la vida de Abraham. También, como señala el escritor de Hebreos, Isaac debería ser el canal a través del cual Abraham iba a recibir todas las bendiciones que Dios le había prometido. No obstante, Abraham no dudó. No sólo obedeció, sino que obedeció prontamente, sin dudar:

> *Y Abraham se levantó muy de mañana, y enalbardó su asno, y tomó consigo dos siervos suyos, y a Isaac su hijo;* **y cortó la leña para el holocausto, y se levantó, y fue al lugar que Dios le dijo.** Génesis 22:3, *énfasis añadido*

Pablo

A través del mensaje del Evangelio, Pablo llegó a ser un padre para muchos de los cristianos en Corinto, por dos razones:

La primera, en su predicación, Pablo no ofrecía, como lo hacen algunos predicadores hoy en día, una respuesta fácil y simplista a los problemas de la vida. Su mensaje a los corintios tenía el enfoque sobre la cruz. En 1 Corintios 2:1-2 Pablo enfatizó esto:

> *Así que, hermanos, cuando fui a vosotros para anunciaros el testimonio de Dios, no fui con excelencia de palabras o de sabiduría. Pues me propuse no saber entre vosotros cosa alguna sino a Jesucristo, y a éste crucificado.*

Tampoco puso Pablo el enfoque sobre la cruz sólo en su predicación. Más importante, él había experimentado la cruz en su propia vida, como escribió en Gálatas 6:14:

> *Pero lejos esté de mí gloriarme, sino en la cruz de nuestro Señor Jesucristo, por quien el mundo me es crucificado a mí, y yo al mundo.*

Se le nacieron hijos espirituales a Pablo en Corinto, entonces, porque su mensaje se concentraba en la cruz y porque la cruz era atestada por su propia vida, en la cual él había sujetado la ambición personal y los deseos propios al cruel proceso de auto-crucifixión.

Un mensaje sin cruz de un predicador no crucificado, por lo contrario, no producirá el tipo de hijos espirituales que Dios le dio a Pablo en Corintio.

Pablo, Silas y Timoteo

Ya hemos visto como Pablo, Silas y Timoteo son retratados en 1 Tesalonicenses como padres espirituales. Pablo escribió que los tesalonicenses son

> *testigos , y Dios también, de cuán santa, justa e irreprensiblemente nos comportamos con vosotros los creyentes, así como también sabéis de qué modo, como el padre a sus hijos, exhortábamos y consolábamos a cada uno de vosotros, y os encargábamos que anduvieseis como es digno de Dios, que os llamó a su reino y gloria.*
>
> *1 Tesalonicenses 2:10-12*

Pablo destacó dos principales aspectos de la conducta de los tres hombres. Primero, su ejemplo. Sus vidas personales eran "irreprensibles". Segundo, tenían un corazón de padre hacia los tesalonicenses. Estableciendo delante de ellos el estándar más elevado, continuamente retaban y exhortaban a sus discípulos a atenerse a ese estándar. Exactamente como un padre natural se complace en los éxitos de sus hijos, así también estos tres hombres estaban deseosos por ver a sus discípulos desarrollarse hasta llegar a ser cristianos exitosos y fructíferos.

¿Qué Características?

Si fuéramos a resumir las características principales de los caracteres de los hombres nombrados arriba, llegaríamos a una lista parecida a esta:

Fe inquebrantable

Obediencia pronta y total

Un mensaje que se concentraba en la cruz

La cruz aplicada a sus propias vidas

Irreprensible conducta cristiana

Afecto paternal por los nuevos creyentes

Preocupación celosa por su verdadero éxito

La Paternidad Práctica: La Adopción

Otro tipo de paternidad cae en algún lugar entre la paternidad natural y física, por un lado, y por otro lado el tipo puramente espiritual de paternidad que he estado describiendo. Hablo de la verdadera adopción, bien sea legal o *de facto*, de hijos cuyos padres o bien no pueden o no quieren ocuparse de ellos.

En esta conexión continuamente me acuerdo de la definición que Santiago da del tipo de religión que es aceptable para Dios:

> *La religión pura y sin mácula delante de Dios el Padre es esta: Visitar a los huérfanos y a las viudas en sus tribulaciones, y guardarse sin mancha del mundo.*
>
> *Santiago 1:27*

Observa la distinción entre religión y salvación. La salvación es lo que Dios hace por el hombre, y la religión es lo que a cambio el hombre hace por Dios. Nuestra religión es nuestra respuesta a la Salvación de Dios.

Recientemente mi mente vuelve constantemente a este versículo de Santiago. Encuentro verdaderamente sorprendente que millones de cristianos creyentes en la Biblia parecen no haber escuchado nunca lo que Santiago está diciendo en este versículo. Al describir el tipo de actividad religiosa que le agrada a Dios, él comienza con lo positivo (es decir, las cosas que Dios espera que hagamos). La primera cosa de la que Santiago habla es visitar (cuidando y proveyendo para) los huérfanos y las viudas.

Sin embargo, nuestra responsabilidad de ocuparnos de los huérfanos y de las viudas se enfatiza continuamente por toda la Biblia, tanto bajo el Antiguo Pacto como bajo el Nuevo. Al analizar el mensaje de los profetas del Antiguo Testamento, he llegado a la conclusión de que hay tres pecados principales que ofenden a Dios. El primero es la idolatría; el segundo, el adulterio; el tercero, la falta de cuidado por los huérfanos y por las viudas. A mí me parece que Dios los pone a todos en el mismo nivel.

Es verdad que los dos primeros son pecados de *comisión* y el tercero es un pecado de *omisión*, pero eso no hace que el tercero sea menos serio, ni mucho menos. Somos tan culpables por las cosas buenas que no hacemos como por las malas que hacemos.

Ciertamente no es por la falta de oportunidad que dejamos de cuidar de los huérfanos. Ellos se están multiplicando por todo el mundo. Mientras se publica este libro, hay muchos millones de huérfanos por causa del SIDA sólo en Uganda, y ese es solamente un país relativamente pequeño en el vasto continente africano. Cuando la plaga del SIDA tenga total impacto en el Subcontinente Indio, su número de víctimas será aun más terrorífico que en África.

Algunos cristianos occidentales podrán adoptar la siguiente actitud: "Es un problema de las naciones retrógradas e incivilizadas, y no somos responsables por ellas".

No estoy de acuerdo. Creo que soy el guarda de mi hermano, sea cual fuere el color de su piel o el país donde vive. Aun así, sin embargo, el problema de los huérfanos y las viudas no está confinado a los países del mundo en vías de desarrollo, sino que es un problema igual de grave, de forma distinta, en las naciones del Occidente. En el capítulo 12 señalé que somos confrontados por millones de jóvenes sin padres (hijos que "han entrado en cautividad" porque sus padres han fallado en sus responsabilidades). Por la definición del diccionario, esos hijos pueden no ser huérfanos técnicamente, pero sus necesidades son igualmente importantes.

La ruptura progresiva de la familia en el Occidente está produciendo cada vez más padres y madres solteros con responsibilidad exclusiva de criar a sus hijos. En la mayoría de los casos son las madres, no los padres. Las personas algunas veces sugieren que sus dificultades son el resultado de su propia conducta pecaminosa. Es verdad, algunos de sus hijos han sido concebidos fuera del vínculo del matrimonio. Pero ¿dónde en los Evangelios nos prohibió Jesús mostrar misericordia hacia los pecadores? Además, los que más sufren son los hijos que no tienen padres ni madres (quienes no son los que han pecado). Asimismo, multitudes de mujeres son madres solteras a causa de motivos ajenos a ellas mismas. Se casaron legalmente, dieron a sus maridos uno o más hijos y luego fueron abandonadas sin ningún motivo válido.

No obstante, la Iglesia contemporánea está prestando poca atención, en la mayoría de los casos, al importante número de madres y padres solteros. Puedo creer que el Señor nos diría exactamente lo que le dijo a Israel en los días de Isaías:

> *Lavaos y limpiaos; quitad la iniquidad de vuestras obras de delante de mis ojos; dejad de hacer lo malo; aprended a hacer el bien; buscad el juicio, restituid al agraviado, haced justicia al huérfano, amparad a la viuda.*
>
> *Isaías 1:16-17*

Algunos cristianos contemporáneos no estarían de acuerdo que las palabras que abren este versículo se apliquen a ellos, pero, como he dicho, somos tan culpables por las cosas buenas que no hacemos como por las malas que hacemos. También debemos tener en mente que las personas a las que se dirigía Isaías eran extremadamente religiosas. Dios les acababa de decir:

> *No me traigáis más vana ofrenda; el incienso me es abominación; luna nueva y día de reposo, el convocar asambleas, no lo puedo sufrir; son iniquidad vuestras fiestas solemnes.* *Versículo 13*

En Lucas 6:46, Jesús hizo una acusación similar a las personas religiosas de Su tiempo. No las reprochó por lo que estaban haciendo, sino por lo que no hacían: *"¿Por qué me llamáis, Señor, Señor, y no hacéis lo que yo digo?"*

Muchos en nuestra sociedad occidental se han vuelto cínicos hacia la cristiandad, considerándola las sobras transferidas de generaciones anteriores. Piensan que no tiene nada que ofrecer para solucionar los problemas a los que nos enfrentamos hoy en día. Esas personas no se impresionan con los sermones, sino que exigen ver el Evangelio producir resultados positivos y prácticos.

Una contribución visible y objetiva que la Iglesia podría hacer es una demostración práctica de la paternidad, en las varias formas que he descrito. Multitudes de jóvenes en nuestra sociedad actual se dan cuenta de que falta algo en sus vidas. Lo están buscando en varios sitios distintos: en el alcohol, en las drogas, en las bandas y tribus urbanas, en el ocultismo, en las religiones y filosofías bizarras y en violentos juegos de ordenador.

Lo que realmente están buscando, aunque no lo sepan, es a un padre.

16

¿Dónde Están los Padres Espirituales?

En las últimas dos décadas del siglo veinte, dos evangelistas mundialmente famosos llevaron a cabo sendos análisis de las personas que habían respondido a sus predicaciones en sus cruzadas de masa y que habían sido registradas como conversas. Muchos asistentes e importantes cantidades de dinero estaban involucrados en la presentación y organización de sus campañas evangelísticas y el consiguiente seguimiento de sus convertidos. Podría decirse que no se ahorraron ni esfuerzos ni gastos. Sin embargo, el resultado de sus análisis daba que pensar. Uno de los evangelistas concluyó que el cinco por ciento de sus conversos realmente se hicieron cristianos comprometidos; el otro evangelista, sólo el tres por ciento.

Permíteme destacar que no se ha llegado a estas cifras por medio de una agencia secular que pudiese tener algún prejuicio en contra del evangelismo. En cada uno de los casos las encuestas se llevaron a cabo por la propia organización del evangelista. Tengo que enfatizar, también, que no estoy criticando a ninguno de los evangelistas. Ellos son hombres de probada integridad a quienes tengo en alta estima como hermanos en el Señor.

Pero sí tenemos que preguntarnos qué pasaría en el mundo secular si cualquier empresa recibiera el cinco por ciento o menos de los resultados esperados de algún proyecto en el cual habían hecho una importante inversión. Casi con toda seguridad ese negocio acabaría en la bancarrota. ¿Sería justo concluir que la Iglesia contemporánea, tal y como se representa en esas estadísticas, está en la bancarrota espiritual?

La falta de resultados permanentes no se puede atribuir a ningún defecto en el mensaje evangelístico predicado, ya que cada uno ha enfatizado la necesidad del nuevo nacimiento e incluía una presentación clara de la salvación. Tal vez existió un punto donde el mensaje se quedó corto en el patrón del Nuevo Testamento: Hubo relativamente poco énfasis sobre el juicio de Dios sobre el pecado, pero esto por sí sólo no contaría para la falta de fruto permanente.

La razón principal para unos resultados tan decepcionantes, creo yo, está en la condición de la Iglesia contemporánea como un todo. Una vez, mientras servía como pastor, fui registrado como consejero para nuevos convertidos de una importante campaña evangelística en mi zona, la cual estaba dando resultados impresionantes. Nuestra responsabilidad como consejeros no era solamente la de hablar con los que hacían preguntas en las reuniones, sino también la de mantener contacto permanente con cada persona que aconsejábamos (por teléfono, por carta, por ofertas de hospitalidad).

Por mi parte, aconsejé a 22 personas, de las cuales mantuve un registro cuidadoso. Al final, tras haber utilizado todos los medios de seguimiento que estaban a mi disposición, concluí que sólo dos personas habían realmente llegado a ser cristianos comprometidos. Seguí sus vidas durante muchos años después. Ambos llegaron a ser cristianos estables y fructíferos.

¿Cuál fue la razón para el éxito de estos dos? Ciertamente no era que yo estuviese pastoreando una congregación grande e impresionante. ¡El número de nuestros miembros en aquel entonces no sobrepasaba los cincuenta! Finalmente llegué a la conclusión de que el factor decisivo era que, aunque de manera imperfecta, les ofrecí a cada uno algún tipo de paternidad espiritual.

En lo concerniente a las otras veinte personas que aconsejé, determiné que su fracaso en madurar y llegar a ser cristianos comprometidos se debió a una de dos causas: o bien nunca se habían afiliado a ninguna iglesia, o entonces se hicieron miembros de una iglesia que no les ofreció paternidad espiritual. Concerniente a esta situación en aquel entonces, un comentarista religioso observó: ¡No tiene sentido poner un polluelo vivo debajo de una gallina muerta!

¿Cristianismo o Iglesianismo?

Han pasado casi veintc siglos desde que Jesús comisionó y envió a Sus primeros apóstoles. Durante ese tiempo un cambio tremendo ha tenido lugar en el mundo cristiano, el cual en su mayor parte ha quedado inadvertido. Hemos sustituido el *cristianismo* por el *iglesianismo*. El *cristianismo* produce discípulos, mientras que el *iglesianismo* produce miembros de iglesia. El iglesianismo exige *conformidad*, mientras que el cristianismo demanda *compromiso*. La gran mayoría de los que se profesan cristianos hoy en día ni siquiera están enterados de que han dejado atrás el patrón original y el estándar del Evangelio. Simplemente han formado su propio concepto de cristianismo de lo que ven en la Iglesia contemporánea.

Cuando Jesús envío a aquellos primeros apóstoles, sus instrucciones fueron perfectamente claras:

> *Id, y* **haced discípulos** *a todas las naciones.* Mateo 28:19, *énfasis añadido*

Previamente había dado una definición inequívoca de lo que involucraba tornarse un discípulo Suyo:

> *Grandes multitudes iban con él; y volviéndose, les dijo: Si alguno viene a mí, y no aborrece a su padre, y madre, y mujer, e hijos, y hermanos, y hermanas, y aun también su propia vida, no puede ser mi discípulo. Y el que no lleva su cruz y viene en pos de mí, no puede ser mi discípulo.*
>
> *Lucas 14:25-27*

Este pasaje hace un contraste acentuado entre dos tipos de personas: las grandes multitudes, por un lado, que "iban con Él", y la persona individual, por el otro lado, que "[viene] en pos de Mí". El iglesianismo se satisface con grandes multitudes que van con Jesús, mientras que el cristianismo se centra principalmente en cada persona que sigue a Jesús; se preocupa en producir, no compañeros de viaje, sino seguidores comprometidos.

Por mi experiencia en la consejería, que he descrito arriba, y por otras circunstancias similares, finalmente llegué a ver que hace falta el ejercer de padre espiritual para formar a nuevos convertidos para que lleguen a ser cristianos comprometidos. Es raro que una persona que se convierte llegue a crecer hasta alcanzar un nivel espiritual más elevado que el de la iglesia que frecuenta. Donde no existe el ejercicio de la paternidad espiritual efectiva, la mayoría de los nuevos convertidos permanecerán como huérfanos espirituales, no llegando nunca a ser miembros maduros y fructíferos de la familia de Dios.

En el capítulo 12, "Cuando los Padres Fracasan", he descrito las condiciones que prevalecen entre los jóvenes que nunca han tenido una paternidad en condiciones: la falta de disciplina, la falta de un enfoque claro, la vulnerabilidad a todo tipo de atracción y engaño satánicos. Las condiciones en la Iglesia contemporánea, en muchos aspectos, tienen un paralelo muy próximo con aquellos en el mundo. Muchos jóvenes que dicen que están salvos demuestran la misma falta de enfoque que aquellos de su condición que están en el mundo. Son llevados de aquí para allá por todo cambio de moda en el lenguaje, en la manera de vestirse, en el ocio, incluso en los estilos de adoración y alabanza. Para esos jóvenes, la adoración es una forma de expresión personal religiosa. Raramente lo ven como un encuentro personal con un Dios santo y temible. En la mayoría de los casos sus vidas carecen de dos cosas: estabilidad y cualquier objetivo claramente definido.

En nuestra sociedad contemporánea hay tres características comunes entre los jóvenes, estén ellos en el mundo o en la Iglesia.

La Desilusión

En primer lugar, están *desilusionados* – acerca del estado de la sociedad, la condición del planeta, la falta de justicia social y de provisión para los miembros más débiles de la sociedad. Ellos sienten que las generaciones anteriores les han fallado y les han legado problemas a los cuales no ven ninguna solución.

Tengo que reconocer, hablando como un miembro de una generación anterior, que con respecto a esto por lo menos, los jóvenes tienen razón. Les hemos pasado una cultura y una sociedad que son, en muchos aspectos, el resultado de nuestros propios pecados – avaricia, egoísmo, indiferencia hacia los débiles y desvalidos. Aunque muchos de nosotros nos llamemos a nosotros mismos cristianos, hemos fracasado a la hora de cumplir con la primera obligación de la "religión pura y sin mancha": cuidar de los huérfanos y de las viudas. Si exigimos de las generaciones que se levantan ahora las exigencias de la fe cristiana, podrán contestar: Primero practicad lo que predicáis, y luego escucharemos lo que tenéis que decir.

Buscando el Oro Puro

Una segunda característica de la juventud de hoy es la de que están *buscando lo que es genuino*. Si les ofrecemos oro, tomarán un cuchillo y escarbarán profundamente bajo la superficie para ver si es oro todo el tiempo o simplemente una capa de oro sobre una base de metal.

De las siete iglesias retratadas en Apocalipsis 2 y 3, probablemente la que está más próxima a la iglesia occidental contemporánea sea la iglesia de Laodicea. Fue a esa iglesia, recordarás, que Jesús dijo: *"... te aconsejo que de mí compres oro refinado en fuego"* (Apocalipsis 3:18). Hay mucho oro en la Iglesia contemporánea que nunca ha pasado por la prueba del fuego. Predicamos sermones elocuentes y hacemos declaraciones que suenan muy bien, pero con demasiada frecuencia, cuando se aplica el fuego, el oro no pasa la prueba.

Una Respuesta Radical

Una tercera marca de los jóvenes de hoy es que son *radicales*. No están buscando respuestas fáciles y superficiales, y no les impresiona el orden establecido o las tradiciones que perduran desde hace mucho tiempo. En cierta manera, nada les es sagrado. Si un árbol está produciendo fruto podrido, o no produce ningún fruto, su respuesta es sencilla: "¡Cortadla!" (¡Ellos habrían respondido a la predicación de Juan el Bautista!). Su situación es un clamor desesperado y no hablado por la realidad de la paternidad espiritual.

Hechos Fuertes de la Debilidad

A estas alturas puedo oír a algunas personas contestar: "¡Pero los estándares que has descrito para los padres espirituales son demasiado altos! Nunca podría ser un Abraham o un Pablo."

Es verdad, los estándares de Dios son altos, y Él tampoco los baja nunca. Pero algo más también es verdad: La gracia de Dios siempre es suficiente. Para cada tarea que asigna Dios, Él da la gracia necesaria para llevarla a cabo.

Abraham y Pablo son presentados en las Escrituras no como estándares a los que ceñirse sino como ejemplos a seguir. En

Romanos 4:12, Pablo dijo que Abraham es nuestro padre si *"[caminamos] en las pisadas de [su] fe"*. En otras palabras, Abraham ha marcado un sendero de fe por el cual todos los cristianos están llamados a seguir.

Ya hemos notado la exhortación de Pablo a ser *"imitadores de mí, así como yo de Cristo"* (1 Corintios 11:1). Si la gracia de Dios pudo transformar a Pablo, el archi-perseguidor de los cristianos, de tal forma que se tornó en imitador de Cristo, entonces la gracia de Dios puede cambiarte tanto que puedes llegar a ser un imitador de Pablo. El apóstol dijo en 1 Timoteo 1:16 que este era el propósito por el cual fue salvo: "*... para que Jesucristo mostrase en mí el primero toda su clemencia, para ejemplo de los que habrían de creer en él para vida eterna"*.

Expresado en lenguaje sencillo, Pablo estaba diciendo: "¡Si Dios pudo cambiarme a mí, puede cambiar a cualquiera!"

Recuerda, también, que tanto Abraham como Pablo tenían sus momentos de debilidad. Abraham cometió unos errores graves. En una ocasión se desesperó tanto de tener un hijo y heredero a través de su esposa, Sara, que concibió un hijo por la criada de Sara. Más tarde, para proteger a su propia mujer, le dijo a Abimelec, el rey de Gerar, que Sara era su hermana, y permitió que ella fuese llevada al harén de Abimelec. Sólo la intervención sobrenatural de Dios salvó a Sara de tornarse en una de las esposas de Abimelec (Génesis 20).

Sin embargo, Dios nunca desistió de Abraham. Entonces, por la gracia de Dios, él finalmente llegó a ser lo que Dios había declarado que sería.

Pablo también tuvo sus momentos de gran debilidad. En 2 Corintios 1:8-9, Pablo dice, respecto a sí mismo y sus compañeros:

> *...fuimos abrumados sobremanera más allá de nuestras*

fuerzas, de tal modo que aun perdimos la esperanza de conservar la vida. Pero tuvimos en nosotros mismos sentencia de muerte, para que no confiásemos en nosotros mismos, sino en Dios que resucita a los muertos.

Dios permitió que Pablo llegase a un lugar de una total debilidad con el fin de que ya no confiase en sí mismo, sino en Él que puede incluso resucitar a los muertos.

Más tarde en la misma epístola, Pablo relató cómo aprendió que la fuerza de Dios se hace perfecta en nuestra debilidad. Finalmente llegó a la conclusión:

Cuando soy débil, entonces soy fuerte.

2 Corintios 12:10

Tanto Abraham como Pablo, es verdad, están puestos como ejemplos de padres espirituales. Pero ellos se tornaron padres espirituales sólo cuando llegaron al final de sus propias posibilidades y confiaron en la gracia sobrenatural de Dios. Eso aún es verdad hoy día. Los hombres pueden tornarse padres espirituales solamente cuando responden al deseo que Dios mismo ha puesto en sus corazones, y cuando han llegado al final de sus propios recursos y se fían de Su capacitación sobrenatural.

En Mateo 4:19, Jesús les dijo a Pedro y Andrés: *"Venid en pos de mí, y os haré pescadores de hombres"*. El mismo principio permanece verdadero hoy en día. Lo que es importante en nuestras vidas no es lo que somos en nosotros mismos, sino lo que Jesús puede hacer de nosotros si vamos en pos de Él.

¿Ves a jóvenes a tu alrededor cuyas vidas inestables y sin dirección son un clamor, sin palabras, solicitando ayuda? ¿Has llegado a darte cuenta de que lo que necesitan es un padre espiritual? ¿Deseas ayudarles? Entonces necesitas entender que es Dios mismo quien pone el deseo en tu corazón. Él quiere hacer de ti un padre espiritual.

Una vez que comprendas que este es el plan de Dios para tu vida, entonces lo que eres en ti mismo ya no es importante. Lo que importa es lo que Dios puede hacer de ti, una vez que te rindas completamente a Él. A tu manera y con tus propias palabras, sencillamente dile a Dios que estás disponible para Él.

¡Él hará el resto!

17

Una Palabra a los Sin Padre

A medida que ibas leyendo a lo largo de los capítulos precedentes, es posible que te hayas dado cuenta de que nunca has conocido a un padre tal y como he estado describiendo. Si es así, déjame asegurarte que en el mundo de hoy hay millones más como tú.

Cada uno de nosotros tiene un padre biológico, claro está, una fuente desde la cual nuestra vida física procedió. Pero en manera ninguna eso garantiza que hemos tenido un padre tal y como se representa en las Escrituras, y como he estado intentando describir en este libro. En realidad, ¡los padres que responden a esa descripción son raros en el mundo de hoy!

Si no has tenido un padre así, entonces en algún lugar en lo profundo de tu ser hay un hueco (un vacío que nunca ha sido llenado). Puede estar en tal profundidad, y puede haber estado allí durante tanto tiempo, que no eres consciente de su existencia. No obstante, allí está, y a causa de ello eres una persona incompleta.

No estoy sugiriendo que necesariamente debieras haber tenido un padre perfecto. La verdad es que solamente hay un padre perfecto – Dios, el Padre en el cielo – pero un padre terrenal que responde a la descripción bíblica, aunque pueda ser imperfecto en muchas maneras, llena ese vacío dentro de ti. Como resultado tú no estás sin padre; tú sabes por experiencia qué significa el tener un padre.

Pero, como he dicho, millones no lo tienen.

¿Te ayudará si comparto algo de mi experiencia personal? Mi

padre, como todos los otros parientes varones que he conocido, era un oficial del Ejército Británico. Era un hombre moral y honesto, fiel en sus responsabilidades, un soldado de éxito. Porque servía en el Ejército Británico en India, fue allí donde nací, en la ciudad de Bangalore.

Cuando nací, el médico le dijo a mi madre que ella no debía esperar tener más hijos. Esto quiso decir que yo crecería sin hermanos o hermanas. Por lo tanto, mis padres decidieron que la mejor manera de suplir esa falta era que mi padre se relacionara conmigo como un hermano mayor, en vez de como un padre. Aparentemente consideraban que tener un hermano era más importante para mí que tener un padre. El resultado fue que yo nunca me dirigí a él usando la palabra Padre o Papá, sino siempre usaba su nombre de pila, Peter. No dudo que me amaba, pero nunca demostró ningún afecto por mí. No le recuerdo sentándome en sus rodillas o que jamás me hubiese abrazado.

En la 2ª Guerra mundial, a la edad de 25, tuve un encuentro personal con Jesucristo en un barracón del Ejército Británico. Como resultado me convertí en un cristiano comprometido. Esta experiencia me abrió a la realidad de las fuerzas espirituales sobre las cuales, hasta entonces, no había tenido ningún conocimiento.

En particular, me di cuenta de que la India, la tierra de mi nacimiento, es el vórtice de un torbellino de fuerzas espirituales inmensamente poderosas, y todos ellas no cristianas. Tenía la impresión de que algunas de aquellas fuerzas espirituales de la India me habían estado siguiendo a lo largo de mi vida, buscando ganar control sobre mí. Ellas nunca tuvieron éxito, pero nunca me había librado de su influencia. Antes de volverme un cristiano comprometido, había en realidad contemplado la idea de ser un yogui.

Estudiando la Biblia como cristiano, aprendí que a través del nuevo nacimiento Dios había llegado a ser mi Padre. En realidad, más tarde prediqué una serie de tres mensajes en cinta cassette sobre el tema "Conociendo a Dios como Padre". Varias personas me han dicho que esos mensajes les han ayudado. Y sin embargo, aunque yo no lo sabía, estaba predicando solamente una teoría. Comprendía esa doctrina con claridad, pero todavía no tenía ningún conocimiento práctico de Dios como siendo verdaderamente mi Padre. Ni siquiera me daba cuenta de qué me faltaba en la vida.

Una Revelación Personal

Entonces, en 1996, poco después de haber celebrado cincuenta años en el ministerio cristiano a tiempo completo, Dios intervino en mi vida. Una mañana Ruth y yo estábamos sentados en la cama, orando juntos como lo hacíamos normalmente, cuando fui tocado de una manera soberana por una fuerza espiritual. Me encontré como siendo el campo de batalla de dos fuerzas espirituales opuestas.

Estirado sobre mí desde atrás estaba un brazo invisible, aguantando en la mano algo así como un casquete negro, el cual estaba intentando presionar sobre mi cabeza. Al mismo tiempo el poder del Espíritu Santo empezó a moverse a través de mi cuerpo. Empezando por mis pies, se movió hacia arriba a través de mí. Mi cuerpo empezó a temblar violentamente. Ruth me dijo más tarde que la piel de mi rostro se volvió en un rojo intenso. Tuve la impresión de que esas fuerzas espirituales estaban en oposición la una contra la otra. El poder del Espíritu Santo moviéndose hacia arriba dentro de mí estaba trabajando contra el brazo que estaba intentando presionar el casquete sobre mi cabeza.

Finalmente el Espíritu Santo prevaleció. El brazo con el casquete fue forzado hacia atrás y desapareció. Al mismo tiempo el Espíritu

Santo tomó total control de mi cuerpo, y tuve una maravillosa sensación de relajación y paz.

Simultáneamente, sin ningún proceso consciente de raciocinio, descubrí que por primera vez en mi vida estaba al tanto de una relación directa y personal con Dios como mi Padre. Inmediatamente era natural dirigirme a Él como Padre. Ya no era una declaración teológica sino la expresión espontánea de una relación personal.

Al meditar sobre esta experiencia, concluí que el brazo con el casquete era una manifestación de Siva, uno de los tres principales "dioses" hindúes (los cuales no son, claro está, dioses de ninguna manera, sino fuerzas satánicas malignas en los lugares celestiales).

Mi comprensión de lo que me había pasado fue confirmada de una manera pronunciada unos dos años más tarde, cuando me encontraba leyendo una descripción de los principales "dioses" del hinduismo. Representaba a Siva como una fuerza espiritual que baja sobre la cabeza de una persona y la cierra contra las realidades del reino de los cielos. Eso era exactamente lo que aquel brazo estirado sobre mi cabeza estaba intentando hacerme a mí. ¡Cuán agradecido estoy que en el momento de crisis el Espíritu Santo vino en mi ayuda y expulsó la fuerza maligna que estaba intentado ganar el control sobre mí!

Desde aquella experiencia en 1996, mi relación con Dios como mi Padre se está haciendo cada vez más fuerte y más íntima.

Una Nueva Relación

Mi nueva relación ha tenido un efecto profundo y permanente en mi vida. Yo había estado sirviendo a Cristo lo mejor que he podido durante más de cincuenta años. Durante ese tiempo Dios me había dado mucho fruto en mi ministerio. Pero a través de entrar en esta nueva relación con Dios como mi Padre, empecé a experimentar una intimidad en mi relación con Él, y un grado de seguridad, que nunca antes había conocido.

Esta nueva relación no me ha eximido de las pruebas que le sobrevienen a toda vida cristiana, pero sí me ha capacitado para encarar esas pruebas con una medida más grande de fuerza interior y confianza. Además, mis pruebas no se han interpuesto entre Dios y yo, sino que simplemente me han aproximado aún más a Él.

Cerca de tres años después de la experiencia que he descrito, soporté una de las experiencias más dolorosas de toda mi vida cristiana. Tras más de un mes en una unidad de cuidados intensivos, Dios se llevó a mi preciosa esposa, Ruth, para estar en casa con Él. Mi sentido de pérdida fue indescriptible. No obstante, en medio de todo, nunca ni por un momento perdí la consciencia de la presencia amorosa de mi Padre conmigo.

En el sepelio, mientras miraba hacia la caja que contenía el cuerpo de Ruth en la tumba, me sentí impelido a clamar en presencia de los que acompañaban el funeral: "Padre, confío en Ti. Te agradezco que seas siempre bueno y amoroso y justo. Nunca te equivocas. Lo que haces es siempre lo mejor."

Sólo mi noción íntima de Dios como mi Padre me capacitó para hacer esa confesión. Varias personas que habían estado presentes me dijeron más tarde cuán poderosamente les había afectado.

Con todo, no quiero darte la impresión de que para conocer a Dios de una manera personal como Padre, tendrás que pasar por el mismo tipo de experiencia. Dios trata con nosotros como personas individuales. No hay un procedimiento estándar que todos debemos seguir. Hay, sin embargo, ciertos principios bíblicos que sí se aplican a cada vida.

En Mateo 11:27, Jesús pone en primer lugar los principios que se aplican a conocerle a Él como el Hijo de Dios y luego conocer a Dios como Su Padre:

Todas las cosas me fueron entregadas por mi Padre; y nadie conoce al Hijo, sino el Padre, ni al Padre conoce alguno, sino el Hijo, y aquel a quien el Hijo lo quiere revelar.

El Padre y el Hijo actúan en cooperación mutua el uno con el otro. Primero el Padre revela al Hijo. Este es el primer paso, ya que es solamente a través del Hijo que podemos llegar a conocer al Padre. En Juan 14:6, Jesús dice: *"Nadie viene al Padre, sino por mí"*. Después de eso viene el segundo paso, cuando Jesús revela al Padre – pero sólo a discreción de Su soberana voluntad. Jesús enfatiza que la revelación del Padre se da sólo a aquellos a quien "el Hijo lo *quiera* revelar" (Mateo 11:27, énfasis añadido).

Jesús está hablando aquí acerca de una revelación que sólo Él puede dar. Es importante notar la diferencia entre conocer las Escrituras como una doctrina y conocerlas por revelación. Durante más de cincuenta años acepté honestamente la doctrina que Dios era mi Padre, pero fue totalmente distinto cuando recibí esto como una revelación personal directa.

A Través del Hijo al Padre

Quizás tras haber leído hasta aquí has llegado a darte cuenta de que estás sin padre. Ahora mismo hay una agitación en tu corazón, un deseo de tener un padre.

Es posible que a través de las circunstancias de tu pasado ningún ser humano en tu vida nunca llegará a ser un verdadero padre para ti. ¡Esto es una razón para agradecerle a Dios que hay un Padre celestial a quien puedes llegar a conocer! Pero primero debes conocer a Jesús como tu Salvador personal, a través de quien has recibido el don de la vida eterna.

1. Recibe a Jesús como Salvador

Si todavía no tienes esta certeza bíblica, el primer paso es recibir a Jesús como tu Salvador Personal. Esto está claramente declarado en Juan 1:11-13:

A lo suyo vino [Jesús], y los suyos no le recibieron. Mas a todos los que le recibieron, a los que creen en su nombre, les dio potestad de ser hechos hijos de Dios; los cuales no son engendrados de sangre, ni de voluntad de carne, ni de voluntad de varón, sino de Dios.

A estas alturas, si lo deseas, puedes hacer una sencilla oración más o menos como esta:

Señor Jesucristo, Te reconozco como el Hijo de Dios y el único camino a Dios. Creo que moriste en la cruz para pagar por mis pecados, y que te levantaste otra vez de entre los muertos. Ahora te pido que perdones todos mis pecados, y te recibo por fe como mi Salvador personal. Entra a mi corazón y dame el don de la vida eterna. Amen.

Cuando haces esta oración en fe sencilla, Dios promete darte una seguridad interior de que Él te ha recibido como Su hijo. En 1 Juan 5:10, el apóstol nos dice que *"El que cree en el Hijo de Dios, tiene el testimonio en sí mismo"*. Otra vez, en Romanos 8:16, Pablo nos dice: *"El Espíritu [es decir, el Espíritu de Dios] mismo da testimonio a nuestro espíritu, de que somos hijos de Dios"*.

Empieza ahora, en fe, a agradecerle a Dios porque Él te ha recibido y porque eres Su hijo. Cuanto más Le agradezcas, tanto más real será para ti, que realmente has llegado a ser un hijo de Dios. El Espíritu Santo dará testimonio a tu espíritu de que esto es así.

2. Acércate a Dios como a un Padre

Ahora, Jesús ha llegado a ser para ti la puerta a través de quien puedes acercarte a Dios con determinación. Estás abierto para recibir la revelación personal de Dios como tu Padre celestial, que Jesús solo te puede dar.

He compartido que he vivido como un cristiano nacido de nuevo durante más de cincuenta años antes de entrar en la revelación personal de Dios como mi Padre. ¡No estoy sugiriendo, ni por un momento, que ningún cristiano necesite esperar tanto tiempo! Uno de los principales propósitos de que escriba este libro, en realidad, es ayudar a los cristianos a entrar mucho antes en esta revelación.

A pesar de eso, cada uno de nosotros depende totalmente de que Jesús nos dé esa revelación. Él mismo ha dicho tan enfáticamente: *"ni al Padre conoce alguno, sino el Hijo, y aquel a quien el Hijo lo quiera revelar"* (Mateo 11:27). Es extremadamente saludable para cada uno de nosotros llegar al lugar donde reconocemos nuestra total dependencia de Dios.

Algunas formas contemporáneas de vivir e interpretar el Evangelio representan a Dios como una máquina expendedora automática celestial. Cuando echas una moneda y aprietas los botones correctos, entonces viene lo que estás buscando de Él. Pero Dios no es una máquina expendedora automática, sino un Padre que disciplina a Sus hijos y establece ciertos patrones de comportamiento. Una de las disciplinas que exige es que nos humillemos delante de Él: *"Dios resiste a los soberbios, y da gracia a los humildes"* (1 Pedro 5:5).

Otra disciplina que debemos aprender es la de esperar en Dios. El tiempo que nos viene bien no siempre es el tiempo determinado por Dios. *"Pero los que esperan en Jehová tendrán nuevas fuerzas"* (Isaías 40:31). Me he dispuesto a empezar, más de una vez, a contar todas las promesas que las Escrituras ofrecen a aquellos que están dispuestos a esperar en Dios, pero nunca lo he logrado. ¡Hay demasiadas!"

En mi caso puedo creer que Dios retuvo de mí la revelación hasta que Él supo que yo estaba listo para recibirla. Ciertamente, cuando me la reveló, ¡la recibí como un tesoro digno de esperar!

Pide, Busca, Llama

Es posible que ya hayas recibido este conocimiento íntimo y personal de Dios como tu Padre, el cual sólo Jesús puede dar; no tengo cómo saberlo. Entonces una vez más, puedes estar en la misma situación en la que he estado yo. Sabes sin lugar a dudas que eres nacido de nuevo. Según tu mejor comprensión y habilidad, estás sirviendo al Señor sinceramente. Empero, tienes un hambre de algo más allá de tu experiencia actual – de una relación más profunda, íntima y perdurable de Dios como tu Padre.

Quiero animarte a seguir adelante hacia todo lo que Dios tiene guardado para ti. Tómate tu tiempo en la presencia de Jesús. Ábrele a Él los deseos más profundos de tu corazón. Pídele que te enseñe si hay impedimentos no sospechados que se interponen entre tú y Él. Estáte preparado para que Él te lleve por caminos por los cuales nunca has caminado. Ríndete incondicionalmente a Él.

Al mismo tiempo no albergues ninguna idea preconcebida de cómo Dios te va a encontrar. En mi caso la revelación de la Paternidad de Dios vino con una poderosa experiencia sobrenatural, pero Dios puede tratar contigo de manera completamente distinta. Puede que seas como Elías en el Monte Horeb, esperando oír de Dios (véase 1 Reyes 19:11-18).

Primero hubo tres demostraciones de poder sobrenatural: un viento, un terremoto y un fuego. Pero Dios no estaba en ninguno de ellos. Éstos fueron seguidos de "un silbo apacible y delicado" (versículo 12). La Biblia Al Día lo traduce como "un susurro suave y apacible". Fue de esa manera quieta y no dramática que Dios vino a Elías. Pero cuando Elías Le oyó, él cubrió su rostro con su manto en temor reverente.

¡Hay más poder en el susurro de Dios que en el más fuerte viento o terremoto o fuego! Quizás es así cómo Dios tratará contigo.

Sea como fuere, déjame animarte con un consejo de Jesús. En cada caso la forma del verbo que Él utiliza indica que Él está hablando de una acción repetida o continuada:

> *Pedid [y seguid pidiendo], y se os dará; buscad [y seguid buscando], y hallaréis; llamad [y seguid llamando], y se os abrirá.* *Mateo 7:7*

Recuerda, se te da*rá*; halla*rás*; se te abri*rá*.

En el siguiente versículo, Jesús sigue con una palabra más de afirmación y ánimo:

> *Porque* ***todo aquel*** *que pide, recibe; y el que busca, halla; y al que llama, se le abrirá*

¡Esa palabra, *todo aquel*, te incluye a ti!

* * * * *

Antes de cerrar este libro, revisa brevemente su tema principal.

La revelación más completa de Dios a través de seres humanos es por medio de la institución de la familia. El amor entre esposo y esposa refleja la relación entre Jesús y Su Iglesia. El amor de un padre por su familia refleja el amor de Dios por todo lo que Él ha creado. Es en el cumplimiento del plan de Dios para la familia que Su bien más alto se hace disponible al hombre. Pero por el rechazo del plan de Dios para la familia, la miseria humana alcanza su zenit.

Este es un tema al cual la cultura contemporánea debe determinar cómo responderá. También es un asunto al cual tú, como persona individual, debes responder.

[1] *Preparatory school*: Escuela preparatoria específica para alguna profesión.

[2] N.T.: En la versión utilizada por el autor, el verbo está en el futuro simple, dando a entender que se está tomando una decisión en el momento de hablar. Esta forma verbal también aparece en la versión portuguesa de la Biblia.

[3] N.T.: "*Ayudador*", en la versión utilizada por el autor.

[4] N.T.: confort, en el original

[5] N.T.: El diccionario de la Real Academia Española lo define así: Declarar, dar a conocer; Descubrir, poner a la vista.

[6] N.T.: Según versión utilizada por el autor.

[7] N.T.: *No acuses al siervo de Dios ante su Señor*, según la versión utilizada por el autor.

[8] N.T. También significa *comandar*.

[9] N.T.: En inglés, normalmente se usa sólo la expresión "Britain", en vez de "Great Britain".

[10] N.T.: Juego de Palabras que riman y significan lo mismo: "Generation X or Generation Next".

[11] N.T.: injusticia o falta de rectitud.

Sobre el Autor

Derek Prince nació en India, de padres británicos. Fue educado como estudioso del griego y del latín en dos de las más famosas instituciones educacionales de Gran Bretaña: Eton College y Universidad de Cambridge. De 1940 a 1949, estuvo como profesor residente en Filosofía Moderna y Antigua en King's College Cambridge. También *estudi*ó hebreo y arameo, ambos en la Universidad de Cambridge y en la Hebrew University de Jerusalén. Además de eso, habla varios otros idiomas modernos.

En los primeros años de la Segunda Guerra Mundial, mientras servía como ATS en un hospital junto al Ejército Británico, Derek Prince experimentó un encuentro con Jesucristo que transformó su vida, acerca del cual, escribe:

> *A partir de ese encuentro, saqué dos conclusiones que nunca he tenido necesidad de cambiar: la primera es que Jesucristo está vivo; la segunda, es que la Biblia es un libro verdadero, relevante y actual. Estas dos conclusiones alteraron todo el curso de vida, radical y permanentemente.*

Al término de la Segunda Guerra Mundial, permaneció donde el Ejército Británico le había designado: en Jerusalén. A través de su matrimonio con su primera esposa, Lydia, llegó a ser el padre de ocho niñas adoptadas en la casa de adopción que Lydia tenía allí. Junta, la familia asistió al renacimiento del Estado de Israel en 1948. Mientras servían como educadores en Kenya, Derek y Lydia adoptaron su novena hija, un bebé africano. Lydia murió en 1975, y Derek Prince se casó con su esposa Ruth en octubre de 1978. Conoció a su segunda esposa como a la primera, mientras servía al Señor en Jerusalén. Los tres hijos de Ruth hacen el número total de la familia de Derek Prince ascender a doce, con muchos nietos y nietas, y bisnietos y bisnietas. El Señor llamo a Ruth a su morada celestial en diciembre de1998.

El acercamiento no denominacional y no sectario de Derek Prince ha abierto puertas para sus enseñanzas a personas de muchos trasfondos raciales y religiosos distintos, y es reconocido internacionalmente como uno de los más importantes expositores de la Biblia de nuestra época. Su programa de radio diario, *Llaves Para Vivir con Exito*, alcanza más de la mitad del globo, incluyendo traducciones al árabe, cinco idiomas chinos (Mandarín, Amoy, Cantonés, dialectos hablados en Shanghai y Swatow), Mongol, Ruso y Tongano. Ha publicado más de 40 libros que han sido traducidos a más de 50 idiomas. Ahora están también disponibles vídeos de sus mensajes de enseñanza en alemán y en muchos idiomas del Este Europeo, y también con subtítulos en hebreo y árabe.

A través del Programa de Líderes para Alcanzar el Globo del Ministerio Derek Prince, sus libros y cintas de audio son enviados, de forma gratuita, a centenares de líderes cristianos locales en el Tercer Mundo, Este Europeo, y la Comunidad de Estados Independientes. Ahora, pasada la edad de los 85 años, todavía viaja por el mundo, impartiendo la verdad revelada de Dios, orando por los enfermos y menesterosos, y compartiendo su entendimiento profético sobre los acontecimientos mundiales a la luz de las Escrituras.

La base internacional de Ministerios Derek Prince está en Charlotte, North Carolina, USA.

Ministerio Derek Prince -España

Derek Prince

Quisiéramos presentarles la nueva oficina del Ministerio Derek Prince en la localidad de Fuengirola, Provincia de Málaga. DPM-España está bajo el liderazgo de la Hna. Jean Smith con el apoyo de Daniel Tracy y en cooperación con nuestras oficinas en Alemania, Francia, Suiza, Austria, el Reino Unido, los Estados Unidos y muchos países más.

Aquí en nuestra oficina tenemos una buena selección de libros y audio casetes disponibles en Castellano e Ingles. También, enviamos el programa de enseñanza bíblico radial de Derek Prince "Llaves Para Vivir con Exito" que se está emitiendo en muchas naciones del mundo. Enviamos el programa a varias emisoras en España y Argentina.

Si deseas recibir estos programas para su emisora, o tenga cualquiera otra pregunta, no dude en contactarnos; ¡nos gustaría escuchar de vosotros!

DPM-España * Apartado Correos 499 * 29640 Fuengirola *Málaga * Tel/Fax (34) 952 464 080 * Email: dpm@anit.es *

Pues la tierra se llenará del conocimiento de la Gloria del Señor, como las aguas cubren el mar.

Esta palabra del Señor primero fue dada a Daniel Tracy, el Director del Ministerio Derek Prince – Alemania hace aproximadamente tres años atrás, durante una visita suya a Almería y es una palabra específicamente para España. El año siguiente, el Señor le repitió la misma palabra en el contexto de una intensa experiencia profética en el mismo lugar. Este pensamiento es expresado dos veces en la Biblia en Habacuc 2:14 y en Isaías 11:9 y ambas veces la fraseología dice que *la tierra se llenará del <u>conocimiento</u> de la Gloria del Señor.......*

Es nuestra firme creencia que Dios tenia la intención de usar los materiales de enseñanza de Derek Prince para ayudar a cumplir esta palabra en España y en todos los países del mundo de habla hispana. En cuanto el pueblo de Dios crezca en su conocimiento de Dios y en su obediencia a Su Palabra, la manifestación de la Gloria del Señor aumentará aún más y más. Estamos cometidos a hacer nuestra parte en el Cuerpo de Cristo aquí para ayudar en el crecimiento de los cristianos en su entendimiento de la Palabra de Dios, la Biblia.

¡Queremos ayudar a todos los creyentes para ser vencedores en el Nombre de Jesús!

Más libros en español

El Pacto del Matrimonio
Ref: B31SP

Derek Prince dijo: Creo que hay un secreto que puede asegurar exitosamente el matrimonio. Además. entiendo que este secreto es revelado en las paginas de un libro extraordinario - es decir, en la Biblia.

EURO 5,50

Su Lengua ¿Necesita Sanidad?
Ref: T85SP

Tarde o temprano todo cristiano se da cuenta de que es imperativo controlar la lengua y descubre que no puede. Derek Princeda al lector pasos bíblicas claros para disciplinar la lengua.

EURO 4,15

El Remedio de Dios para el Rechazo
Ref: B41SP

El rechazo es una experiencia común..pero puede causar heridas espirituales permanentes, esté usted consciente de ello o no, dice el autor. Derek Prince nos muestra que el rechazo es la raíz de muchos problemas, tales como el alcoholismo, la drogadicción, las dificultades en las relaciones personales y la depresión.

EURO 4,15

con Derek Prince:

Bendición o Maldición
¡Usted puede Escoger!
Ref: B56SP

¿Se ve usted siempre frustrado por la enfermedad, aprietos financieros, relaciones tensas? O quizás ocurren accidentes con sorprendente regularidad a usted o a su familia. Derek Prince muestra dramáticamente que una maldición no es una superstición medieval. El presenta experiencias de la vida real de personas que se asombraron al descubrir que no eran víctimas de ciega casualidad..ni aun de un mal hereditario.....más bien, el problema era una maldición que podía haberse originado en una previía generación.

EURO 10,65

El Manual del Cristiano Lleno del Espíritu
Ref: B52SP

El Manual del Cristiano Lleno del Espíritu es un:

- Fundamento indispensable para todos los creyentes
- Excelente fuente de enseñanza para los líderes
- Guía comprensible para los nuevos cristianos
- Herramienta eficaz de referencia para aconsejar, testificar y ministrar

EURO 17,80

¡Recibe un audio-casete gratis!

Ref.Nº 039SP

Envía el cupón en la siguiente página a la dirección allí indicada, y recibirás gratuitamente una cinta de audio con el mensaje transformador de la Palabra de Dios titulado:

El Temor de Dios

Por favor, envíame:

- ☐ Un catálogo de las materiales de Derek Prince en español
- ☐ Un catálogo de las materiales en inglés (2,00 Euros)
- ☐ Información sobre las materiales disponibles en los siguientes idiomas:

- ☐ **Deseo orar con regularidad para la obra de DPM España - puede envíame su carta de oración.**

Sello aquí

Tarjeta Postal

DPM - España
Apartado de Correos 499
29640 Fuengirola
Málaga